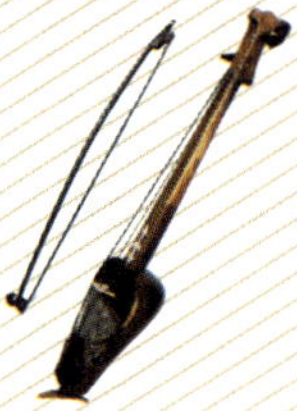

一个源于叶尼塞河上游的古老民族，随着战争而向西迁徙，几经磨难落脚于天山南北，帕米尔高原。一个勤劳勇敢的马背民族驰骋在高山峻岭和草原之间，用口头传唱的英雄史诗记录着他们的历史沧桑。

走近中国少数民族丛书

主 编/丹珠昂奔

柯尔克孜族

Ke'erkezizu

阿地里·居玛吐尔地 著

辽宁民族出版社

图书在版编目（CIP）数据

柯尔克孜族 / 阿地里·居玛吐尔地著. —沈阳：辽宁民族出版社，2014. 12（2020.5重印）
（走近中国少数民族丛书 / 丹珠昂奔主编）
ISBN 978-7-5497-0963-2

Ⅰ. ①柯… Ⅱ. ①阿… Ⅲ. ①柯尔克孜族—民族历史—中国 ②柯尔克孜族—民族文化—中国 Ⅳ. ①K283.7

中国版本图书馆CIP数据核字（2014）第310806号

走近中国少数民族丛书·柯尔克孜族
ZOUJIN ZHONGGUO SHAOSHU MINZU CONGSHU · KE'ERKEZIZU

丛书策划 / 李凤山

出版发行者：辽宁民族出版社
地　　址：沈阳市和平区十一纬路25号　邮编：110003
印 刷 者：晟德（天津）印刷有限公司
幅面尺寸：170mm×240mm
印　　张：11.5
字　　数：160千字
出版时间：2014年12月第1版
印刷时间：2020年5月第2次印刷
责任编辑：李凤山　吴昕阳　李　璜
封面设计：杜　江
责任印制：杨　雪
责任校对：边京爱

标准书号：ISBN 978-7-5497-0963-2
定　　价：38.00元

网　址：www.lnmzcbs.com　　邮购热线：024-23284335
淘宝网店：http：// lnmz2013.taobao.com
如有印装质量问题，请与出版社联系调换　联系电话：024-23284340

《走近中国少数民族丛书》编辑委员会

《走近中国少数民族丛书》作者名录

《蒙古族》 萨仁图娅（蒙古族）
《回族》 许宪隆（回族） 张龙（汉族）
《藏族》 丹珠昂奔（藏族）
《维吾尔族》 艾克拜尔·吾拉木（维吾尔族）
　　买力克·买买提（维吾尔族）
　　伊利迪尔（维吾尔族）
《苗族》 石莉芸（苗族） 李云兵（苗族）
《彝族》 陈国光（彝族）
《壮族》 黄佩华（壮族）
《布依族》 周国炎（布依族）
《朝鲜族》 黄有福（朝鲜族）
《满族》 于今（满族）
《侗族》 杨筑慧（侗族）
《瑶族》 玉时阶（壮族）
《白族》 董建中（白族）
《土家族》 罗中（土家族） 罗午（土家族）
《哈尼族》 朱志民（哈尼族） 李泽然（哈尼族）
《哈萨克族》 艾克拜尔·米吉提（哈萨克族）
　　伊拉达·拉音别克（哈萨克族）
《傣族》 赵瑛（傣族）
《黎族》 罗文雄（黎族）
《傈僳族》 鲁建彪（傈僳族） 欧光明（傈僳族）
《佤族》 郭锐（佤族）
《畲族》 钟亮（畲族）
《台湾少数民族》 林华（台湾少数民族）
《拉祜族》 苏翠薇（拉祜族）
《水族》 韦学纯（水族）
《东乡族》 马兆熙（东乡族） 马自祥（东乡族）
《纳西族》 白庚胜（纳西族） 孙淑玲（汉族）
　　白羲（纳西族）
《景颇族》 金黎燕（景颇族）
《柯尔克孜族》 阿地里·居玛吐尔地（柯尔克孜族）
《土族》 祁进玉（土族） 东永学（土族）
《达斡尔族》 毅松（达斡尔族）
《仫佬族》 黎学锐（仫佬族） 黎炼（仫佬族）
《羌族》 雍继荣（羌族） 罗吉华（羌族）
　　周发成（羌族）
《布朗族》 陶玉明（布朗族）
《撒拉族》 马成俊（撒拉族） 马建新（撒拉族）
《毛南族》 韩德明（汉族）
《仡佬族》 周小艺（仡佬族）
《锡伯族》 阿苏（锡伯族） 盛丰田（锡伯族）
　　何荣伟（锡伯族）
《阿昌族》 们发延（阿昌族） 张斯齐（蒙古族）
《普米族》 朱凌飞（汉族） 杨周明（普米族）
《塔吉克族》 西仁·库尔班（塔吉克族）
　　阿力木江·西仁（塔吉克族）
《怒族》 李月英（傈僳族） 张芮婕（傈僳族）
《乌孜别克族》 古丽巴努木·克拜吐里（维吾尔族）
《俄罗斯族》 乃珂热曼·依布拉音（塔吉克族）
《鄂温克族》 黄任远（汉族） 那晓波（鄂温克族）
《德昂族》 袁丽华（汉族） 王燕（汉族）
《保安族》 马少青（保安族）
《裕固族》 董蒲红（裕固族） 王政德（藏族）
《京族》 吕俊彪（汉族）
《塔塔尔族》 卡米力·库尔马尤夫（塔塔尔族）
《独龙族》 李金明（独龙族）
《鄂伦春族》 王为华（汉族）
《赫哲族》 黄任远（汉族）
《门巴族》 陈立明（汉族） 张媛（汉族）
《珞巴族》 陈立明（汉族） 李锦萍（汉族）
《基诺族》 朱映占（汉族）

总序

中国是一个统一的多民族国家。几千年来，有着悠久历史和灿烂文化的少数民族，与汉族一道，在中华大地上繁衍生息，共同开发着这块土地，建设、发展、捍卫着这个古老而伟大的国家。各民族都是兄弟，相互离不开，都是这个国家的主人。习近平总书记在第二次中央新疆工作座谈会上发表重要讲话，指出："要坚定不移坚持党的民族政策、坚持民族区域自治制度。民族团结是各族人民的生命线。要高举各民族大团结的旗帜，在各民族中牢固树立国家意识、公民意识、中华民族共同体意识，最大限度团结依靠各族群众，使每个民族、每个公民都为实现中华民族伟大复兴的中国梦贡献力量，共享祖国繁荣发展的成果。各民族要相互了解、相互尊重、相互包容、相互欣赏、相互学习、相互帮助，像石榴籽那样紧紧抱在一起。""要在各族群众中牢固树立正确的祖国观、民族观，弘扬社会主义核心价值体系和社会主义核心价值观，增强各族群众对伟大祖国的认同、对中华民族的认同、对中华文化的认同、对中国特色社会主义道路的认同。"因此，坚持平等、团结、互助、和谐的社会主义民族关系，不断增进了解，深化友谊，建立牢不可破的感情基础，是中国社会转型期、改革攻坚期、矛盾多发期保持社会稳定、发展的基本要求，也是实现中华民族伟大复兴的中国梦的基本要求。

为了进一步宣传我国少数民族的历史文化和民族风情，增强对少数民族的认识，宣传党的民族政策和方针，加深对党的民族政策的理解，加强各民族之间的了解与沟通，让读者了解少数民族，中华人民共和国国家民族事务委员会文化宣传司和辽宁民族出版社共同组织了《走近中国少数民族丛书》。

《走近中国少数民族丛书》的编写有以下三个特点：第一，采用图文并茂的形式、鲜活生动的语言、特色浓郁的图片与丰富的民族常识链接，向读者展示我国55个少数民族的历史渊源、民族变迁、社会生活、文化艺术、风俗习惯、历史人物和民族区域自治政策的伟大实践。第二，作者多为本民族的专家学者和与民族研究工作相关的专家学者，对自己撰述的对象既有深厚的知识积累，也有真挚的情感。第三，内容彰显了历史与现实、民族文化与地域文化、民族区域自治地方与散杂居地区少数民族生产生活的多彩画卷和轨迹，引导读者走近少数民族，聆听他们的古老传说，感受他们的发展变化，加深彼此的沟通和了解。这套《走近中国少数民族丛书》是面向民族干部和各级干部通览我国少数民族概况的普及读本，也是图书馆的必备藏书。

《走近中国少数民族丛书》所揭示的每一个民族的历史，都承载着这个民族的文化，也承载着这个民族的发展和未来。中华大地孕育的55个少数民族多彩斑斓的民族文化，同汉族文化一道从远古走到今天，汇入了中华文化壮阔的历史长河。“共同团结奋斗，共同繁荣发展”，保护、传承和弘扬少数民族优秀文化，不仅是推动我国民族团结进步事业的重要内容，也是构建和谐社会、实现中华民族伟大复兴的中国梦的重要使命。期待通过《走近中国少数民族丛书》，使广大读者徜徉于少数民族多彩风情的同时，更加深刻地了解和认知中华民族多元一体的文化内涵，感受中华民族悠久历史的深远与厚重。

丹珠昂奔

2014年6月26日

前言

柯尔克孜族 游牧边疆守家园，悠久文化展新篇

在喀喇昆仑山和天山交会的帕米尔高原，在高耸入云的冰山之父慕士塔格峰、公格尔峰、托木尔峰披盖的千年冰川和雪峰脚下绵延伸展的美丽草原上，在天山南北幽静的溪谷中，在嫩江草原的乌裕尔河畔，英雄的柯尔克孜族人民精心放牧，开垦农田，坚守在祖国的边疆，每天迎送祖国的最后一缕阳光，告别每天的最后一抹晚霞。

“山是我们的父亲，水是我们的母亲。”这句谚语萦绕在每一个柯尔克孜人心中。在雪域高山之间，柯尔克孜族的“每一个牧民都是一个哨兵，每一座毡房都是一座堡垒”。他们就以这样的形象，为了一个神圣的信念，捍卫着祖国边疆的热土，表达着对祖国母亲深深的眷恋，肩负着边疆儿女对祖国神圣而崇高的责任。

一把古老的三弦弹拨乐器考姆兹琴，一顶象征高山雪峰的白毡帽，一部悠长、浑厚、雄壮、动人的英雄史诗，心灵手巧的妇女们绣出五彩缤纷的世界，刺绣和花毡用来布置和点缀毡房、服饰，徜徉在草原山谷中的牛羊如同珍珠，洒落在草原上的毡房如同星星。这些文化符号构成了柯尔克孜族最基本的民族标签。琴手弹奏出美妙的乐章，涤荡、滋润和抚慰着人们的心灵。古老的考姆兹琴，音调悠扬动听，如同天籁拨动人们的心弦，是牧人随身携带的亲密伴侣。民间歌手唱出雄壮的英雄史诗，讲述着民族的历史，歌颂着保家卫国的壮举，激励和鼓舞着人们的意志，一个勤劳而勇敢的民族就这样从荒古走到了今天。

西汉时期伟大历史学家司马迁在《史记》中曾以“鬲昆”“坚昆”的名称第一次记录下柯尔克孜族先民的生活。后来他们又分别以“契骨”“纥骨”“结骨”“黠戛斯”“纥里迄思”“乞儿吉斯”“吉利吉思”“布鲁特”等名称见于史册。源于阿尔泰山北坡南西伯利亚高原的叶尼塞河和鄂尔浑河水哺育了柯尔克孜族的先民。他们以豪迈的性格，顽强的毅力，用自己的智慧和才能开辟了叶尼塞河、鄂尔浑河上游的草原黑土，开田垦荒，建造家园，创造文字，描绘了一幅幅古代文明的画卷，谱写了气壮山河的英雄主义战歌。“在四十处驰名的凹地上，哪一处没有埋下柯尔克孜人的尸骨；四千棵长在高山上的白桦树上，哪一棵没刻下柯尔克孜族的斧痕？”他们曾在那里开垦土地，曾在那里修建城郭，曾在那里驰骋狩猎、撒网捕鱼。

历史的沧桑和不尽的战乱迫使柯尔克孜人放弃祖先的土地逐步向西迁徙，经过数世纪的跋涉，几经磨难与绝望，最终定居在了中亚以及天山南北、帕米尔高原的沟沟坎坎之间。战乱和迁徙迫使他们丢失了祖先创造的文字和文明的成果，让其永远定格在石碑上。为了生存而不断地迁移，磨砺了他们坚强的毅力和热爱生命、热爱家乡、热爱祖国的性格，造就了他们勇敢无畏的英雄主义气概。

在我国内忧外患的近代史上，柯尔克孜族人民同其他爱国同胞一道拿起武器勇敢地同英、俄等殖民者进行顽强斗争，为维护祖国统一、边疆稳定做出了不可磨灭的贡献。解放战争时期，柯尔克孜族军事家依斯哈克别克率领三区革命军与人民解放军紧密配合，完成了解放新疆的大业。

骏马驰骋，足迹踏遍欧亚草原、天山南北和帕米尔高原的柯尔克孜族创造和演绎了无数英雄主义的史诗，创造了口头传唱文化的一座座丰碑，堪称是英雄史诗的民族。《玛纳斯》《英雄托什图克》《库尔曼别克》等伴随柯尔克孜族走过历史沧桑。这些英雄史诗用艺术的语言唱出了他们的心声，记录下了先辈们历史的足迹，激励着人们的心灵。以英雄的语言构成的史诗，用歌海汇成的口头传唱，从出生到死亡，伴随每一个柯尔克孜族人走完人生的历程。在寂寞而漫长的游牧生活中，民歌成了他们倾吐心声的最好方式。我国的国宝级《玛纳斯》史诗演唱大师居素普·玛玛依那浑厚的歌喉虽然已经停歇，但他的传奇让我们感受到古老史诗的壮美，引来国内外无数听众的赞叹；买买提·图鲁米西拿着一把考姆兹琴走遍日美，征服数以万计听众的事迹至今被人们津津乐道；“感动新疆十大人物”“2008年全国十大杰出母亲”布尔玛汗大娘捍卫我国边防的感人事迹，再一次表明了广大柯尔克孜族人民的拳拳爱国心。

头顶雪白毡帽的柯尔克孜族青年英俊而潇洒，在草原上摆开阵势展开叼羊、赛马，进行摔跤、马上角力等活动，进行“攻皇宫”游戏；姑娘们用色彩斑斓的丝线绣出心中锦绣河山，或者绣制花手帕表达心中的爱恋；勤劳的妇女们精心缝制图案精美绝伦、美观而实用的花毡；年轻媳妇们长长辫梢上的一排排银饰左右摆动，叮当作响。柯尔克孜族的手工刺绣、马鞍制作、芨芨草编、毛毡制作等传统工艺已经被列入我国各级政府部门的非物质文化遗产名录。

今天的柯尔克孜族主要分布在新疆维吾尔自治区克孜勒苏柯尔克孜自治州，其余散居在伊犁、塔城、阿克苏、喀什、和田、乌鲁木齐以及黑龙江省富裕县。根据2010年全国人口普查统计，柯尔克孜族目前的总人口为19.6万。他们有自己的语言和文字。柯尔克孜语属阿尔泰语系突厥语族东匈奴语支，目前使用以阿拉伯字母为基础，近代中亚流行的察合台文基础上改制的柯尔克孜文。

在党的民族政策的光辉照耀下，古老的柯尔克孜族人民融入到改革开放的历史潮流之中，不断地谱写着新的历史篇章。吐尔尕特口岸、伊尔克什坦等边境贸易口岸如同我国连接中亚的大动脉，延续着古代丝绸之路的繁盛；牧民寄宿学校里回荡着学生们琅琅读书声，一代新人茁壮成长；“村村通工程”让山里的人们能够及时听到中央的声音，增进了各民族之间的了解和友谊，使牧民们感受到了科技新时代的潮流。新农村建设、边疆少数民族地区扶贫工程不断传出捷报，柯尔克孜族地区贫穷落后的面貌正在日新月异地得到改变。城镇的现代化记录着历史前进的步伐，而山区草原百花争艳，马奶飘香，四畜兴旺，牧歌悠扬，山间草地上支起的柯尔克孜族白色毡包，如同洒落在绿地毯上的珍珠熠熠闪光。传统和现代在这里碰撞交融，奏响时代的旋律。

让我们跟随《走近中国少数民族丛书·柯尔克孜族》，同勤劳质朴的古老民族对话，感受山区草原民族的风采，领略他们独具特色的心路历程吧。

目录

第一章
柯尔克孜族的历史与社会

山是柯尔克孜族的父亲，用博大的胸怀养育了他们；水是柯尔克孜族的母亲，用感人的纯情砥砺他们的精神。历史的尘埃没能泯灭他们坚强的意志，中亚的广阔草原、天山和喀喇昆仑山千年冰封的雪峰、帕米尔高原刺骨的寒风印证着他们顽强迁徙的足迹，古老的马背民族始终焕发着生命的奇迹。五十年人间变换，一百年大地更颜，他们却从遥远的历史走来，满怀希望地走向美好的明天。

史籍中的最早记载

柯尔克孜族是我国西域以及中亚地区一个有着悠久历史和灿烂文化的古老民族。“柯尔克孜”是本民族的自称。

知识链接 **柯尔克孜、吉尔吉斯** 生活在吉尔吉斯斯坦以及中亚各国的柯尔克孜族在我国行文当中被称为“吉尔吉斯”。这是根据俄文的发音特点音译而成的族称，是同一个跨国民族名称的不同读音。目前在国际上，柯尔克孜族或吉尔吉斯人用英文拼写也有两种，为Kirghiz 或Kyrgyz。前者是约定俗成的固定拼写方法，而后者则是从苏联中独立后，吉尔吉斯斯坦对外统一使用的拼写方法。

《史记》书影

在我国史书中，对于柯尔克孜族的起源，以及他们先民的社会生活状况都有十分明确的记载。在我国历代汉文史籍中，柯尔克孜族的名称，在不同的时代以不同的音译方式出现。司马迁的《史记·匈奴列传》中称柯尔克孜族为“鬲昆”“坚昆”，并称坚昆在当今叶尼塞河上游一带。这是我国史籍中首次对柯尔克孜族及其先民的记载。两汉至曹魏时期史籍中称为“鬲昆”“隔昆”，但用得比较多的还是“坚昆”。《魏书》《周书》《隋书》《新唐书》中柯尔克孜除了被称为“坚昆”之外，还被称为“结骨”“护骨氏”“契骨”“纥骨”。《魏略·西戎传》记载，“坚昆国在康居西北，胜兵三万，人随畜牧，亦多貂，有好马”。到了唐代，史书上称柯尔克孜为“坚昆”“黠戛斯”“纥扢斯”。比如在《唐会要》中记录了648年，黠戛斯首领俟利发失钵屈阿栈亲自至唐，受到唐太宗隆重欢迎接待，之后又在黠戛斯地区建立坚昆都护府之事。《新唐书·黠戛斯传》记载，708年黠戛斯使者至唐朝，受到唐中宗款待。唐中宗还以黠戛斯人中有一部分是汉将李陵后裔之传说，对使者说：“尔国与我国同宗，非它番比。”《册府元龟》记载，713

《册府元龟》书影

年唐朝派30万大军进讨后突厥，坚昆都督右武卫大将军骨笃禄毗伽可汗及其部众也参加了这次战斗，唐玄宗在诏书中夸耀黠戛斯部的军威“弧矢之利，所向披靡”。辽宋时期称柯尔克孜为“黠戛斯”“黠戛司”“纥里迄斯”。元明称为“吉利吉思”“乞尔吉思”。无论是上面的哪一称呼，都是“柯尔克孜”一名在不同历史时期汉语的音转、音译或异译。柯尔克孜族对本民族的自称始终没有变化过。清代称柯尔克孜族为“布鲁特”，是准噶尔蒙古对柯尔克孜人的称呼，意思为“高山居民”，并一直被清代满汉等民族沿用。

猎人

从第一部史书开始，我国典籍中对于柯尔克孜族军事、文化、地理、生活等内容的记载就一直延续。今天的柯尔克孜民族由历史上的哪一个古代部族、部落发展、融合、演变而来，其发展脉络是十分清楚的。就此，我们大致可以推算，从公元前206年汉高祖刘邦建立西汉，柯尔克孜族出现在我国历史舞台上的时间有明确记载已经有2 200多年的历史了。

阿合奇县出土文物鹰叼鹿

族源传说

关于柯尔克孜族族源，在本民族中有许多传说。这些传说留存在柯尔克孜族心里，讲述着本民族的传奇历史。

首先是“柯尔乌古斯（Kir-uguz）”说。柯尔克孜族本民族史学家，生活在19世纪末20世纪初的奥斯玛纳利·斯德克的著作中说“柯尔克孜”一词由“乌古斯”演变而来。

古代有一位名叫乌古斯的国王。他的大老婆生六子，小老婆生四子。其后裔和部众生活在腾格里山（天山）、准噶尔盆地、阿尔泰山一带。后来他的一个孩子与其他兄弟们不和，带领自己的部众迁到北方的一座叫“柯尔”的地方，以打猎为生。“柯尔”人被周围的蒙古、鞑靼等部族称为“柯尔乌古斯人”，意为“山里的乌古斯人”，并融合周边部落部族，逐渐发展为“柯尔克孜”。

第二是“柯尔奥古孜（Kir-oguz）”说。

传说，北方有两座高山，一座大山中流出十条大河，另一座大

天山

山流出三十条河流。它们最终汇集成一条大河“艾乃赛河（母亲河）”。居住在这些大山和河流之间的人们被称为“柯尔奥古孜人”。

在古柯尔克孜语中，“柯尔”意为高山，“奥古孜”意为大河，“柯尔奥古孜”便是居住在高山大河边的人们的意思。柯尔克孜族谚语“山是柯尔克孜族的父亲，水是柯尔克孜族的母亲”印证了它。

第三是“柯尔克居孜（Kirk–jüz）”说。

我国《玛纳斯》演唱大师居素普·玛玛依的《玛纳斯》史诗唱本说：从前在一个水草丰美的地方，有一条大河叫“艾乃赛河”。河两岸居住的人们拥戴着一个名叫玛玛依的汗王。国王公正无私，勇敢智慧，赢得了周围四十个部落人们的尊敬。人们从四面八方前来归顺。四十个部落被国王称为“柯尔克居孜”。

“柯尔克”为四十之意，“居孜”意为一百。“柯尔克居孜”（四十个一百）逐渐演变发展成了“柯尔克孜”。

第四是“柯尔盖孜（Kir–gez）”说。《玛纳斯》史诗一个变体中说：

古代有一位汗王，系乌古斯汗的后嗣。他生性暴躁，下令杀掉部落中所有麻子脸的人。后来，自己的儿子生天花成为麻子。他只好接受大臣们的建议，将麻脸王子同其随从赶往大山中去放牧。王子及其随从在山中逐渐繁衍壮大，最后逐渐成为一个大的

搬迁途中

古代迁徙图

部族，被人们称为“柯尔盖孜”。

古柯尔克孜族语中，“柯尔”是大山之意，“盖孜”意为游动。“柯尔盖孜”便是在山里游牧的人们。

第五是“柯尔克孜巴依说”。柯尔克孜人最早的祖先名叫柯尔克孜巴依。他居住在北方的一个牧草丰美的地方。附近有一条大河叫“艾乃赛河（母亲河）”。他以狩猎、放牧为生，人丁兴旺，有很多子孙。他与赫尔兹、克塔依（契丹）、土尔克与秦等族为邻，同一个祖先的后代。有一天，赫尔兹与土尔克为争夺祖传的一种名叫“贾答塔什”的神奇求雨宝石而发生矛盾。柯尔克孜巴依从中调解，说以扔贾答塔什，并以其正反面确定归属。双方同意，但狡猾的赫尔兹却暗中做手脚，用假石头替换了“贾答塔什”。结果，土尔克得到这个假求雨石。后来他知道自己被赫尔兹欺骗，决意同赫尔兹开战。柯尔克孜巴依、克塔依、秦亦协同土尔克参战。但是，赫尔兹最后取胜，把柯尔克孜巴依驱赶到腾格里山（天山）和阿莱山周围。从此以后，柯尔克孜巴依的后裔就被称为“柯尔克孜”，不断繁衍。

除了上述传说之外，国内外学者对柯尔克孜族的起源也提出各自的看法。比如苏联著名突厥学家捷尼舍夫在《突厥语言研究导论》中介绍了关于“柯尔克孜”是“柯尔克”（四十）加附加成分复数所构成的观点。而我国学者董文义在自己的《柯尔克孜族称含义考》一文中则认为“柯尔克孜”是来自柯尔克孜古老的词汇，“柯尔克（Kirk）”虽然有四十的含义，但它还有更深层的“威武”“盛大”“锦绣”等意义，后缀加上有“智、善、美”等含义的附加成分（-az）逐渐演变而来。

《突厥语言研究导论》书影

悲壮的民族历史轨迹

公元前3世纪末的秦汉之际，柯尔克孜族先民分布于叶尼塞河流域。东邻丁零，南接匈奴、呼揭，西连乌孙、塞种等。此时的“鬲昆”还是一个独立的，既互不统辖又不隶属于任何政权的游牧部落集团。公元2世纪，柯尔克孜族曾摆脱匈奴的统治建立过自己的汗国。

3—7世纪，我国北方的鲜卑、柔然、突厥贵族曾先后统治过柯尔克孜族。7世纪上半叶，东突厥汗国被唐朝灭后，柯尔克孜人即归属唐朝，与中原建立直接联系。唐朝在柯尔克孜族地区建立了坚昆都督府，并任命柯尔克孜族首领俟利发失钵屈阿栈为右屯卫大将军兼坚昆都督。根据《新唐书》及《资治通鉴》记载，坚昆在当时不仅幅员辽阔，而且已经是有数十万人口的族群了。758年，柯尔克孜人被漠北回纥统治。840年，回鹘（回纥）内乱，柯尔克孜人联合回鹘叛将，在唐朝支持下将其推翻，再一次

古代武士

建立了东到贝加尔湖，西到天山西部和塔拉斯（恒罗斯）的汗国，史称“黠戛斯汗国”，并在政治、军事、经济、文化方面都有长足的发展，并一度成为漠北的兄长。870年，唐朝在与沙陀李克用的斗争中，黠戛斯首领还曾派出数万兵马帮助平息叛乱。

知识链接 **黠戛斯汗国** 柯尔克孜族祖先黠戛斯人于公元9世纪40年代至10世纪中叶所建汗国。公元840年，回鹘汗国发生内讧，黠戛斯联合其一部分分离者推翻了汗国统治，并且建立了黠戛斯汗国。黠戛斯汗国国王称阿热，下属若干部落，汗国国势强盛，胜兵8万。领土东到贝加尔湖，西至中亚七河地区，南与吐蕃为邻。黠戛斯汗国有自己的文字，有完整的政治制度和官制，有严格的法律法规和历法，在农牧渔业经济，贸易、文化、艺术、手工业等方面都有很高建树，而且其汗王多次派使至唐，与唐王朝保持着密切的友好关系。其汗王还曾被唐宣宗封为“英武诚明可汗”。

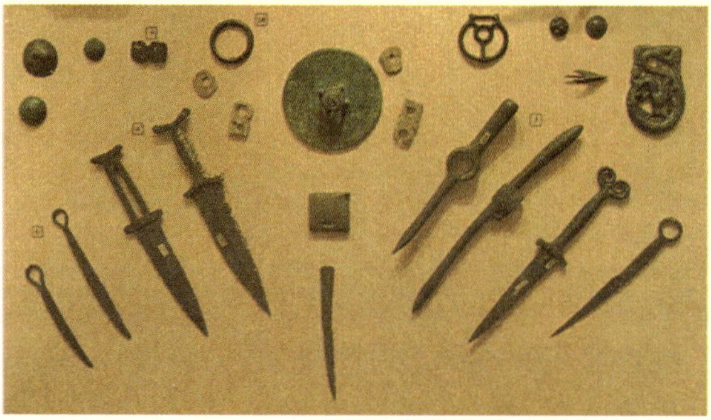

叶尼塞出土的古代柯尔克孜族文物

10世纪初，契丹兴起，取代黠戛斯成为蒙古草原的新霸主。931年，黠戛斯遣使至契丹，从而成为契丹的属国。契丹在黠戛斯地区设置“黠戛斯国王府”。作为属国，黠戛斯要向契丹朝贡，并有随契丹出兵打仗的义务。1125年，金灭辽。金称黠戛斯为“纥里迄斯”。

13世纪初，蒙古兴起并称雄于漠北时，汉文史书称柯尔克孜人为“乞儿吉思”或“吉利吉思”。1207年，成吉思汗派人出使乞儿吉思要求归属未成，派术赤率兵征讨，乞儿吉思首领带着白海青、白骟马、黑貂鼠等物拜见，表示臣服。1225年，成吉思汗分封诸子，乞儿吉思成为其幼子拖雷的属民。

在15世纪中叶，与柯尔克孜人相邻的瓦剌人也先统一瓦剌各部，曾发动对柯尔克孜人的进攻。迫于瓦剌的压力，一部分柯尔克孜人从叶尼塞河上游向西南迁徙，开始活动于楚河、塔拉斯河流域。同期，沙俄征服了西伯利亚汗国并进占叶尼塞河上游。柯尔克孜人对沙俄的入侵进行了长达一个多世纪的浴血奋战，英勇抗争，但最后终因寡不敌众，举部被迫离开叶尼塞河故地而西迁。他们首先到达额尔齐斯河东南草原，除少部分人留在萨彦岭与唐努山之间的河谷地区外，大部分人到达西部天山和中亚地区，与先期迁至此地的柯尔克孜人会合。

上述各个阶段的历史事件不同程度地融入英雄史诗《玛纳斯》中，成为这部史诗的中心内容，并通过民间口头演唱者的艺术加工，反映了柯尔克孜族曲折的民族发展史。

清朝把柯尔克孜称为“布鲁特”，并以天山为界，称天山以北的柯尔克孜为“东布鲁特”，天山以南的为“西布鲁特”。1758年，清朝将军兆惠等追剿准噶尔残部到达布鲁特人居住地区，东布鲁特首领率众归附清朝。1759年，清军平定了大、小和卓的叛乱。西布鲁特额德格纳部落头人阿济比代表西布鲁特十五部向清朝表示归附。

19世纪的柯尔克孜人

冰山脚下的喀拉湖

19世纪中叶，沙俄武装入侵，在柯尔克孜人居住地区建立了科帕尔、列普辛斯克、阿里玛图等侵略据点。1865年，浩罕首领阿古柏在英殖民主义者的支持下侵入我国新疆，柯尔克孜族人民不堪忍受欺凌，奋起反抗，配合清军消灭了阿古柏在新疆建立的反动政权，为维护祖国统一、领土完整、保卫边疆做出了巨大贡献。

19世纪下半叶，沙俄强迫清廷签订《中俄勘分西北界约记》等一系列不平等条约，从而使被割占领土上的柯尔克孜人成为沙皇的臣民。从此，统一的柯尔克孜族被人为分成两半，成为中亚的一个跨界民族。

辛亥革命之后，在中国共产党的影响下，柯尔克孜族人民积极参加反帝爱国斗争，"反帝会""文化促进会"以发展文化教育事业。1944年9月，三区革命爆发。柯尔克孜族群众纷纷参加革命军，并在南疆的蒲犁与塔吉克等民族一起发动起义，称为"蒲犁革命"。

知识链接 **三区革命** 1944年9月，在新疆的伊犁、塔城、阿山（今阿勒泰）三个地区，不堪忍受国民党反动统治的各族农牧民和其他各阶层人民，举行了一场大规模武装暴动。经过近一年的浴血奋战，暴动者完全占领了伊、塔、阿三区。并以三区为根据地，建立了各级政权机构和武装力量——民族军和游击队，同国民党政府展开斗争，这场斗争一直坚持到1949年新疆和平解放，这在新疆历史上称为三区革命。

1949年，随着新疆和平解放，柯尔克孜族人民结束了苦难深重的历史，做了国家的主人。1954年7月14日克孜勒苏柯尔克孜自治州成立，柯尔克孜族同其他兄弟民族一样实行了民族区域自治。根据《中华人民共和国民族区域自治法》，在南北疆还相继建立了特克斯县阔克铁热克柯尔克孜民族乡，昭苏县夏特柯尔克孜民族乡，温宿县包孜墩柯尔克孜民族乡，乌什县亚曼苏柯尔克孜民族乡，塔什库尔干塔吉克自治县科克雅尔柯尔克孜民族乡，皮山县康克尔柯尔克孜民族乡等柯尔克孜族民族乡。在黑龙江省富裕县友谊乡以及农垦友谊牧场分别还有五家子村和七家子村两个柯尔克孜民族村。

岩画

9世纪至18世纪的多次迁徙，柯尔克孜基本完成了从叶尼塞河到天山、中亚、帕米尔以及黑龙江、嫩江流域的大迁徙，最终使柯尔克孜人分成东西两支。其中，东支是至今居住在叶尼塞河流域的原始血统以及东迁至我国黑龙江的柯尔克孜族，西支则是迁徙并定居到了天山、帕米尔高原和中亚各地的部分。迁徙迫使柯尔克孜族离开了祖先的故土，造成了与各部落各民族大融合的现实，但叶尼塞河流域依然留存了一些原始部落分支。不能否认，那些留在叶尼塞河流域的古柯尔克孜族与今天生活在俄罗斯的阿尔泰、哈卡斯以及图瓦等自治共和国境内的民族有着非常密切的渊源关系。无论怎样的迁徙和流动，柯尔克孜族在自己的发祥地所留下的痕迹是永远不能消失的。

柯尔克孜族部落及其分布

部落是自古以来柯尔克孜族最重要的社会组织形式。从唐代开始，就已经形成。古代黠戛斯部落的首领被称为“辈”，即叶尼塞碑文中的“别格”，在近代柯尔克孜族社会中被称为“比”。史书记载，黠戛斯汗国的君长被称为“阿热”，下设有宰相、都督、职使、长史、将军、达干六等官职。其中，都督有三，表明阿热之下有三个基本的部落联合体。而这些部落联合体是由氏族组成的大小部落。氏族是柯尔克孜族最初的社会组织形式。氏族的产生是生产力进步和实施群体族外婚制度的结果。先是母系氏族，然后是父系氏族。氏族又逐渐发展成为部落以及部落联盟。氏族的特点在于其通常使用动物的名称，也就是说存在图腾崇拜。在一个叫贝格列的叶尼塞鲁尼文碑铭中刻有如下话语：“我打死七只狼，我没有打雪豹和鹿。”这些野兽并不是直接指这些野兽本身，而是指以之为图腾的氏族。打死七只狼，就意味着打败了七个以狼为图腾的氏族。古代柯尔克孜族的图腾很多，除了狼图腾、雪豹图腾和鹿图腾之外，还有牛、苍龙、巨蟒、虎、熊、鹰、公驼等图腾。

柯尔克孜族的氏族基本上是由若干个阿依勒组成，它的基本特点是氏族成员有一个共同的祖先，共同的名称，氏族成员之间不通婚，每一个氏族有一个头目，氏族头目“比”及氏族议事会决定氏族迁徙、调解组内组外的矛盾纠纷、保护氏族利益以及婚丧嫁娶等大事。

柯尔克孜族的各个部落都是以小分散大聚居的方式居住的。柯尔克孜族的政治、经济、军事、文化以及生产生活，都与部落组织有密切关系。部落是柯尔克孜族社会组织形式的基础，在柯尔克孜族的形成发展史上起着举足轻重的作用。大小部落头人“比”是封建统治阶级的代表，有一些“比”实际上成为某一部落的最高领袖。

18世纪之后，柯尔克孜族整体上西迁新疆天山南北、帕米尔及中亚地区之后，依然保持氏族部落制度。各部头领“比”为世袭制。这个时期，柯尔克孜族有若干个大部落。但有些史书记载同民间谱系传说之间有些出入。有些部落还分散居住在不同的地区，而且还同其他部落形成了新的一些部落。总的来说，清代柯尔克孜族部落基本上分成东部和西部两大部。东部为天山山区各部，又称“色尔特克勒克”，即“外部”或北部。西部为帕米尔高原及周边各部，又称“伊奇科勒克”，即“内部”或南部。这两个部落下辖各个较小的部落，其中较大的部落有：萨热巴噶西、布谷、萨亚克、克普恰克、切热克、孟奥勒朵尔、阿德格乃、琼巴格西、萨尔特、奈曼、铁伊特、凯塞克、库特楚、克塔伊、蒙杜孜、交奥什、塔塔伊、胡什楚、多鲁斯等数十部。有一些大部落下又分为若干个小部落，如克普恰克部落下就分为喀拉克普恰克、萨热克普恰克、克孜勒克普恰克、塔兹克普恰克、萨尔特克普恰克等；库特楚部落下有阿依塔曼、卡扎斯、卡拉喀什卡等小部落。

根据柯尔克孜族口传谱系“散吉拉”，柯尔克孜族部落除了分为“内部（内姓）”和“外部（外姓）”，还有“三十姓（奥图孜吾勒）”之说。这三十姓根据亲缘关系又被分为右翼和左翼。归入左翼的部落有：霍索楚、克塔依、萨娄、蒙杜孜、巴斯孜、奈曼、克尔柯乌勒、铁艺特、胡什楚、诺伊古特、岳瓦什、托波依、琼巴格什等。右翼部落包括塔噶依、阿德格乃、蒙古什三大部落。其中塔噶依部落又分为：萨热巴噶西、布谷、索勒托、萨亚克、巴噶西、切热克、阿塞克、节地盖尔、特尼姆塞伊特、蒙杜孜、苏木仁等较小部落。阿德格乃分为：空古拉提、交茹、布如其、巴勒克、卡拉巴噶什、萨尔特等小部落。蒙古什分为：加噶勒买、阔西堂木噶等小部落。关于近代柯尔克孜族部落情况，清代的《钦定新疆识略·布鲁特》《西陲总统事略·布鲁特流源》《新疆图志·东西布鲁特部》等都有不同程度的记载，但其中都有一定出入，而且根据口传谱系“散吉拉”的讲述也有所不同。比如，英雄史诗《玛纳斯》及其他一些口头谱系史“散吉拉”中出现的柯尔克孜族部落有40多个，而清代的《新疆识略·布鲁特》只记载了19个部落，而《西陲总统事略·布鲁特流源》和《新疆图志·东西布鲁特部》只记载了15个柯尔克孜族部落。但无论如何，其中的主要部落的情况还是基本一致的。

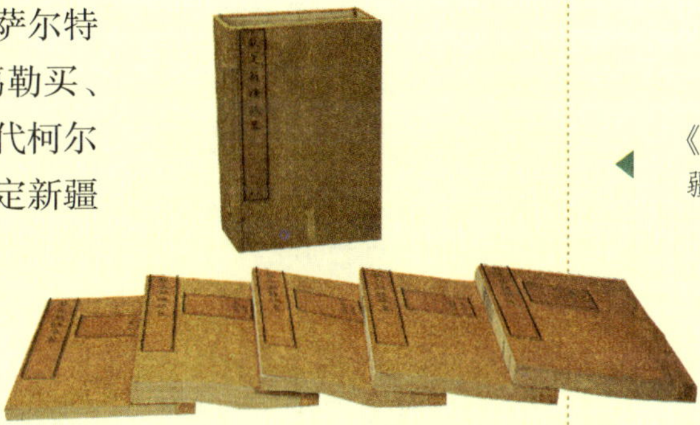

《钦定新疆识略》

《西陲总统事略》

近代以来，随着生活地域及社会环境的改变，随着人口的增加而出现的牧场扩张，氏族部落之间的利益纠纷或战争而产生的分裂等等因素，使古老的部落组织关系发生了许多转变，原有的部落特征逐渐被新的部落关系所取代。私有制经济逐渐占据重要位置，古老的部落公有制体制被取代。人们的家庭观念、阶级观念也逐渐提升。原先那种以纯粹父系血缘关系为纽带的社会组织逐渐转化为以地缘关系为基础的社会关系。部落的构成也从纯粹血缘关系为基础，逐步转向在一定程度上融入同乡及其他关系。新的部落体制逐步出现。尽管如此，部落观念在柯尔克孜族社会生活中依然占据重要位置，对人们的生活依然产生一定影响。

部落的融合与民族的形成

从“鬲昆”“坚昆”逐渐发展成为能够自立于世界民族之林的、具有独特的民族意识与特点的柯尔克孜族，经历了多次兴衰起伏。

柯尔克孜族的先民最早居住在西伯利亚南部叶尼塞河上游地区。根据考古资料，叶尼塞河上游地区在公元前后的居民是既有欧罗巴人种，也有蒙古利亚人种。这与我国汉文史料中有关柯尔克孜族祖先的记载有某种吻合。汉文史料中说，黠戛斯人一部分是“赤发、皙面、绿瞳”，一部分人是黑发、黑眼，这从一定意义上证明了柯尔克孜族起源以及形成发展的漫长过程。

柯尔克孜族的形成融合了很多外来的部落血统，从而不断优化了民族的素质，经过无数次生死存亡的考验，走向复兴和繁荣。这从他们的传说以及诸多史料中都可以得到验证。比如前文关于“柯尔乌古斯”的族源传说中，除了描述族名的起源之外，还讲述了柯尔乌古斯逐渐发展，与古代克塔依（契丹）、蒙古、鞑靼等族杂居通婚繁衍后代的故事。

今天的叶尼塞河

柯尔奥古孜国王的孙子同一个蒙古姑娘结婚，其后裔被称为“蒙古勒杜尔”（蒙古所生）部落。又应鞑靼国王的邀请派出王子前往迎娶诺尕依公主，当上门女婿并继承鞑靼国王的王位。他们的后裔在柯尔克孜族中成了“诺尕依”部落。契丹（克塔依）的一个王子因为受到排挤而带着身边的侍从“卡勒恰”投奔柯尔奥古孜，分别迎娶两位柯尔奥古孜公主为妻。后来，他们的后代便逐渐繁衍，并且发展成了柯尔克孜族中比较重要的两个部落。契丹王子之后被称为“克塔依”；其仆从的后代被称为“卡勒恰”。

史诗《玛纳斯》之中生动详细地描述有一位自克塔依（契丹）投奔的王子阿勒曼别特的英雄事迹。阿勒曼别特不仅英勇善战，智慧非凡，屡建奇功，为柯尔克孜族建立了卓越功勋，最终还为柯尔克孜族献出了生命。当今柯尔克孜族中的“克塔依”部落毫无疑问是从古代契丹民族中融入的。

柯尔克孜族融合汉族血统也有一定的历史根据。汉朝大将李陵投降匈奴后，被匈奴封为右校王，并任坚昆都督，统领坚昆各部。李陵的后代均世居坚昆人之中，随后逐渐融入其中。另外，汉朝公主王昭君与匈奴呼韩邪单于之女须卜居次的封地也在坚昆地区，她的后代也融入了坚昆人之中。

草原石人

柯尔克孜族作为一个有着两千年以上史书记载历史的古老民族，其形成发展史必然经过了曲折复杂的过程。其中有融合、有分离，有发展繁荣，也有民族存亡的危机。但无论在历史上遭遇过多少血雨腥风的战火和沧桑巨变，柯尔克孜族自强不息的精神始终没有泯灭，民族发展的脚步始终没有停止。

柯尔克孜族发展到今天，其政治、经济、文化以及生产生活，都曾与部落组织有密切关系。部落曾经是柯尔克孜族社会组织形式的基础，在柯尔克孜族的形成发展史上起着举足轻重的作用。在现代社会，随着教育科技文化的发展以及现代生活观念的普及和深入，新型的开放式、流动式的社会生活不断改变着人们传统的部落观念，那种盲目的部落观念逐渐淡漠，一种新的、复杂的新型社会组织关系已经成为社会发展的大趋势。

家乡的草原

第二章
独特的民间宗教与信仰

神奇的大自然赋予柯尔克孜族一个质朴、善良、博大的胸怀，神和祖先的灵魂成为他们永恒的心灵寄托。萨满文化的灵光伴随着这个民族走过历史的坎坷，圣洁的天空、美丽的草原、壮美的冰峰雪岭，成为他们图腾的象征。无论他们身处何地，崇尚自然的秉性不曾改变，对大自然的亲近和敬畏始终深深地埋藏在心中。

崇尚自然的秉性

柯尔克孜族传统观念认为天地、日月、星辰、山水、森林、草木、动物等万物各有其主，各司其命，给人间以祸福。为保水草丰盛，人畜平安，人们除了祭拜万物之主——天神“腾格里”之外，还祭祀各种自然神，特别是山水土地神。人们认为天上的太阳、月亮是人类的父母，太阳给大地以温暖，月亮给黑夜以光明，太阳、月亮给万物以生命，因此将“腾格里”“昆（太阳）”“阿依（月亮）”视为人间最高的神灵加倍崇拜。火被认为是最圣洁的东西，火可以消除人身上的罪恶。它不仅有清洁污浊、洗涤灵魂的功能，而且还是住宅的保护神，决不能轻易将屋里的火拿到外面去或借给邻居。

柯尔克孜人认为，死者回到大地母亲的怀抱中长眠，大地母亲会保护死者并在来世赐予他第二次生命。天上的每一颗星星代表地上的每一个生灵。每一个人降生到人间，天上就会有一颗星星亮起。每一个人都有一颗寄托着自己生命的星星。只要属于自己的星星在天空中不停地闪烁，人们就会健康地生活。星星越亮，人们就越容光焕发，他的生活就越红火幸福。如果天上有一

天山

颗星星陨落，就表明人间有一个生命离开人世。他们认为北极星是宇宙的肚脐，处于宇宙的中央，是一个恰如金桩一般纹丝不动的星座，整个宇宙都是围绕着北极星转动。柯尔克孜人普遍认为自己是大地母亲之子，是由地上的泥土繁衍而来，是大地造就了人类。因此，他们把大地看得特别神圣。认为谁不敬重故土，谁就是对母亲的背叛；谁如果对大地没有敬仰之心，他死后将不被大地容纳。柯尔克孜族认为山是他们的父亲，山神是他们的强有力的保护神。山在民族存亡的各种危急关头保护自己的后代，并且给后代赐予财富和强壮的体魄。

神圣的草原

柯尔克孜族世代生息在高山草原上，逐水草而居，靠天养畜。在战争来临，危难当头之时，高山还可以成为他们躲避灾祸的天然屏障。山和水是他们生存的最重要的依赖，靠山上自然生长的牧草养畜，靠高山上冰雪消融的雪水润泽和生活，靠山中的猎物丰富自己的生活补给。于是，在他们心中产生了人类生命以及赖以生活的一切物质都是山水恩赐的观念。没有山水，也就没有生命。柯尔克孜族对于山水的崇敬还通过祈求大地保佑或者向其表达感恩之情的祭祀仪式得到体现。这种仪式被柯尔克孜族称为“杰尔-苏塔尤”。这个仪式通常是在春草出生的时候进行，由此可以推断，这个仪式不仅与畜牧业生产相关，同时也与农业生产相关联。人们以此来希求雨水充足，牲畜兴旺，农业丰收。

天地之神腾格里

祭天、拜天、向苍天祈祷是柯尔克孜族信仰伊斯兰教前的古老习俗和一些遗存。人们认为蓝色的天空是诸神的居所，被称为“腾格里”。腾格里超然万物外，是世界万物之主。在柯尔克孜族的祖先黠戛斯人居住的叶尼塞河流域发现的碑铭上已有天神“腾格里(Tengir)”一词，这说明在6—9世纪他们已经有天崇拜的观念。

人们对上天“腾格里”的崇拜逐渐发展成了对“天神”的崇拜。物化的“腾格里”最终变成了支配世间万物的命运，向人间施与善恶的“天神”。由于天空是蓝色的，在柯尔克孜语中被称为“阔克”，柯尔克孜人对所有蓝色的东西都存有崇拜之情。“阔克”在汉文中被译为“苍色”。对“腾格里”的崇拜，是柯尔克孜族最古老的习俗。柯尔克孜族认为人的生命是上天给的，因而没有子嗣时要向苍天求子。天是主宰一切的，可给人带来福运，也可以惩罚人类，因此遇事往往要对天发誓。如果有谁背叛朋友、背弃诺言就要受到天神腾格里的惩罚。遇到困难和挫折要祈求上苍，祈求天神保佑。在古代，柯尔克孜族出征之前还要举行祭天仪式，祈求天神保佑；请萨满跳神治病也蕴含着对上天的虔敬。人们害怕腾格里的威力，惧怕受到其惩罚。因为天神既能够给人带来幸福与财富，也能降灾与人，于是，柯尔克孜族宰杀牲畜要进行祭天仪式。人们认为高耸入云的山峰和参天大树与天最接近，是连接天界和人间的“天梯”，是萨满通往天界的通道，与神秘的萨满教有密切联系。因此，高山和大树具有很多象征意义。山祭、树祭在柯尔克孜族民间有着悠久的历史。

古代柯尔克孜天文

祖先圣灵与图腾

柯尔克孜族曾经的祖先崇拜来源于古老的萨满教灵魂不灭的观念。随着生产力的发展，人类逐渐开始从古老的自然崇拜过渡到自身崇拜。根据萨满教观念，人死后灵魂脱离肉体，游荡在人世空间，如果灵魂附体，他还会复生，重新回到人间。这样的观念在人类自身同自然界的不断斗争和不断征服的过程促成了祖先崇拜的产生。祖先崇拜实际上是灵魂崇拜的具体表现形式。对祖先的崇拜往往也是对英雄的崇拜。玛纳斯被柯尔克孜族人视为全民族的祖先，因而崇拜最集中的表现是对英雄玛纳斯的崇拜。在现代生活中，柯尔克孜族人依然将玛纳斯作为他们崇敬的对象，遇事依然祈求玛纳斯的庇护。人们在发誓时往往用“如果我违背诺言，让玛纳斯的灵魂惩罚我，让玛纳斯的坟墓惩罚我，让玛纳斯的威力惩罚我”来表达，这是将祖先崇拜与英雄崇拜紧紧地结合在一起了。

柯尔克孜族
祖先图腾

柯尔克孜族自古从事狩猎和游牧，对动物有着特殊的感情。尤其是在崇尚勇武的英雄时代，对动物的力量、凶猛非常赞赏，从而逐步走向对它们的崇拜。他们时刻希望求得某种凶猛或神圣动物的保护，借助动物的神力增加自己的力量，并千方百计地将自己或者部落同某种动物联系在一起，视这些动物为自己的保护神。他们还将这类动物的图案篆刻到器皿上，绣到大纛、织物上，或文在自己身上示人，从心灵上接近这些动物。在神话传说中，有很多灵性动物与柯尔克孜族各个部落有血缘关系。与柯尔克孜族有密切关系的动

柯尔克孜族
图腾库玛依克

物主要有雄狮、老虎、鹰、母鹿、雪豹、狼、熊、骆驼、马、牛等。不同的部落有不同的图腾。

在叶尼塞河流域时期，柯尔克孜人普遍以牛为图腾，有不食牛肉的习俗。唐代，柯尔克孜人中即有雪豹氏族，这是以雪豹为图腾的部落的自称，他们在狩猎中从来不猎取雪豹。柯尔克孜族中的布谷部落，便是以鹿为图腾的部落。柯尔克孜族长角鹿妈妈“布古耶涅”或“姆玉孜杜耶涅”的后代最终发展成了现代的“布古”部落。鹿在柯尔克孜语中称为“布谷”。鹿图腾传说保存了古老的母系氏族的社会状态，与“长角鹿妈妈”的部落起源神话相关。柯尔克孜族还有名为“巴格西（麋鹿）”“撒热巴格西（黄色麋鹿）”等部落，这些部落的起源也与图腾崇拜有着十分密切的联系。

知识链接 **柯尔克孜族的鹿崇拜** 鹿是柯尔克孜族古时崇拜的图腾动物和吉祥物，是吉祥、福运的化身。在柯尔克孜族传说和部落谱系中描述鹿妈妈或长角鹿妈妈用自己的乳汁精心护养，才使濒临灭绝的柯尔克孜族重新复活，后来还产生了柯尔克孜族中的“布谷（鹿）”“巴格西（麋鹿）”“撒热巴格西（黄色麋鹿）”等重要部落。在古代柯尔克孜族居住的叶尼塞河上游地区出土的鹿骨和用黄金装饰鹿角的石雕鹿以及岩画上的鹿图形象也能明证这种崇拜。

柯尔克孜族图腾白鹿

在史诗《玛纳斯》中描写着跟随玛纳斯出征，围绕在玛纳斯队伍周围的苍龙、巨蟒、灰狼、羚羊、猛虎、雄狮、公驼、雪豹、神鸟等等。其实这些动物形象描写的就是高举部落图腾大旗或头戴本氏族图腾形象面具的各部落成员追随总首领玛纳斯出征的盛况，是柯尔克孜各部落图腾崇拜的历史记录。

萨满文化的遗迹

萨满教曾经是柯尔克孜族长期信仰的原始宗教，在他们的思想意识中占据主导地位，根深蒂固。万物有灵观、自然崇拜、祖先崇拜、动植物崇拜和图腾崇拜等与萨满文化紧密关联的一些痕迹延续至今，在人们的日常生活及各种礼仪中可见。自然界中的万事万物，天地、日月、高山、大河、水、火各有其主，一切动植物都有神灵做主。《新唐书·回鹘传·黠戛斯》记载，柯尔克孜族的先民黠戛斯人“祠神唯主水草，祭天时，呼巫为甘”。这里

萨满作法时点起的神火

的“甘”即为萨满。这也是我国史书中对于萨满的最早记载。

根据萨满教的观念，人们认为宇宙分为上中下三界。上界分九层，下界分为七层，即“九重天、七层地”。上界居住着诸天神和诸天仙；下界居住着各种精灵、魔鬼及亡灵。人类居中界，经常需要苍天及神灵的保护，而且要时时提防精灵鬼怪的侵袭。人的生命是由“铁尼”“艾斯”“库特”“夏依”等组成。“铁尼”构成人的肉体，控制人的运动。“艾斯”构成人的精神和智慧，控制人的思想和意识。“库特”是幸福之源。“夏依”则是力量的主宰。四者结合为一体构成完整的生命。“铁尼”“艾斯”“库特”“夏依”时合时分。当“夏依”离开人体时，生命将失去力量；而当人入睡时，“艾斯”脱离肉体“铁尼”而去，在梦神的带领下遨游四方，甚至下界及来世，与各种精灵鬼怪相遇。此时，“铁尼”则仍留在人的体内。人死即表明“铁尼”“艾斯”“库特”“夏依”均离开人体，它们变成一只绿色苍蝇从死者鼻孔中飞出，成为死者的灵魂在中界和下界之间穿行，并在另一个世界永存或复活。在天神的主宰下，星神左右人的命运福祸。土

麻扎

星、太白星、老人星、白羊星等为善的化身，火星、双鱼星则是恶的化身。当善恶两星相斗时，天空就出现流星现象。天上的每一颗星都代表地上的一个生命，每一个人都有寄托着生命的命星。如果天上有一颗星星陨落，就表明人间有一人死亡。祖先的灵魂在大多数情况下会帮助后代，但有时也给人类降下灾难。特别是古代部落首领、汗王及著名英雄被尊为圣人，其亡灵栖身地坟墓被认为是圣地，时时受到人们的祭拜，否则会给后代带来疾病，使人畜遭殃。

柯尔克孜族信奉各种各样的神，但不建神庙。这些神灵的神祇在自然界中，有些则只留在人们心中。它们分为人类始祖神、人类再生神、自然神、保护神、动物神等。柯尔克孜族心中的鬼怪和精灵也很多，而且形象各异，有“阿勒巴热斯特”“萨斯克阿勒巴热斯特”“阿则特克”“介孜坎皮尔”等，还有独眼巨人“朵”，铜爪女妖、铜鼻女妖，飞毛腿精灵“介勒塔曼”，千里眼精灵“阔热尔玛木提”，顺风耳精灵“介尔听夏尔”等。柯尔克孜族心中的自然神主要有宇宙天神、日神、月神、火神、冬神、雪神、雷神、闪电神、风神；祖先神有阿达姆阿塔、阿瓦艾涅和努赫；保护神有家庭、火灶及儿童的保护神乌玛依叶涅（乌麦）、农业神巴巴德依罕、工匠神朵特、人的保护神克德尔、马神康巴尔阿塔、骆驼神奥依索勒阿塔、绵羊神巧勒潘阿塔、牛神乌依桑巴巴、山羊

柯尔克孜族图案

知识链接 **乌麦** 柯尔克孜族古老的崇拜对象，为婴儿、妇女及火灶的保护神。在柯尔克孜族语中，常被称为“乌麦叶涅”，即乌麦妈妈。神话中，她被认为是负责生命轮回的生育神，即送子娘娘，具有很高的地位。在叶尼塞河上游发现的《阙特勤碑》《暾欲谷碑》以及《突厥语大词典》等古代文献中，其地位堪比腾格里神。有学者认为乌麦崇拜是母系氏族社会的遗存。

神奇羌阿塔、苏尔艾奇克等等。

萨满教在广大柯尔克孜族群众中根深蒂固，即便是改信伊斯兰教，萨满教的遗风依然可见，延续至今。人们的生老病死、身患疾病生活和各种礼仪中都有所表现。每年春天，在举办庆祝诺如孜节的仪式时，仪式的很多内容都与萨满教有着千丝万缕的联系。

皈依伊斯兰教

公元10世纪至18世纪柯尔克孜族从世居的叶尼塞河和鄂尔浑河上游陆续迁徙到天山及中亚地区，之后逐渐开始信仰伊斯兰教。伊斯兰教的宗教活动场所主要是礼拜寺，但礼拜寺多建在城镇农区，牧区很少见到。柯尔克孜族大多生活在牧区，长期处于迁徙奔波之中，人口分散，对伊斯兰教规定的“五功”，即“拜功”“念功”“课功”“斋功”“朝功”并不能完全做到。但是，他们和其他穆斯林教徒一样，信真主、信《古兰经》、信天使。其中，信仰真主是其核心内容，认为真主独一无二，无所不能，永生不死。他无所在而无所不在，创造一切、化育一切、主宰一切。《古兰经》是真主的圣言。圣人穆罕默德是真主派到人间的使者。柯尔克孜族由于生活环境的影响，除了神职人员毛勒多、阿訇之外，一般人每天只做几次祷告礼，封斋时也只在斋月初和月末象征性地封几天斋，人们只在自己的阿依勒或家里做主麻礼（礼拜日礼）。伊斯兰教传统的肉孜节（开斋节）和古尔邦节（宰牲节）也或多或少吸收了柯尔克孜族传统文化的内容，在庆祝活动中融入了浓厚的传统民族文化特色。婚葬嫁娶时要按伊斯兰教规定的礼仪进行。比如说新郎新娘结婚时要请毛勒多念“尼卡”证婚，送葬时要念诵《古兰经》文并在死者去世后的7天、40天、周年进行隆重的纪念祭奠。宰杀牛羊、招待客人，把死者的遗物分赠给老弱病残、孤儿寡母，以此达到安抚亡灵，免遭灵魂的侵扰。柯尔克孜族死者周年的祭典十分隆重，早在伊斯兰教传入之前就是一项重大的祭典活动，并留存在口传史诗中。在伊斯兰教传入后，这项祭典活动融合了伊斯兰教色彩，但传统的民间特色也长盛不衰。

实际上，柯尔克孜族的伊斯兰教应该说是一种既具有鲜明的伊斯兰教特征，又融合和保存了古老的萨满文化因素，具有鲜明的柯尔克孜族传统文化特点。此外，居住在黑龙江省富裕县五家子、七家子两个村以及新疆维吾尔自治区塔城地区额敏县的一部分柯尔克孜族并不信仰伊斯兰教。

第三章
魅力无穷的民族礼仪

从出生到入土总是离不开歌，这是柯尔克孜族独具魅力的民族习性。

历经数千年的民族风情蕴含着多少生活的真谛和哲理。无论男女，每一个柯尔克孜人走过的人生，无论是喜怒哀乐，都浸染了天人合一的理念和对人生的态度。人生的每一个脚步都闪烁着人性的光芒。

神圣的出生礼仪

“托热提”——生子

柯尔克孜族称生子为“托热提”，是日常生活中一件大喜事。按照习惯，孕期满三个月以前，不能把孕情告诉婆家、娘家的长辈，满六个月以后，孕妇不能从男女长辈面前走过。怀孕七个月以后，孕妇不能进入婆家长辈卧室，不能与丈夫同床。在孩子出生以前，任何人都不能议论是男还是女。

婴儿出生后，接生婆截断脐带，洗净后用红布带包好，通知门外男人们。婴儿的祖父派一位亲戚骑上快马向左邻右舍和亲朋好友报喜，并在门上挂布标记，男子不得随意进入。近邻和亲友中的妇女前来祝贺，举行分娩仪式，祝贺添丁之喜。来宾中一位德高望重的妇女从奶碗中舀一勺牛奶倒入另一个碗里，祝福婴儿健康成长，长命百岁，清白、纯洁、真诚。有的地区在孕妇分娩时，在门外拴一只鹰，以辟邪祛妖，护佑孩子顺利降生。

知识链接 根据柯尔克孜族的古老习俗，出生的是男孩儿，要在门外挂一支弓箭，示意出生的是男孩儿。如果是女孩儿，则要挂上用红布条做成的飞鸟图像，并插上一根羽毛。如果有人想知道新生儿是男是女，不能直接问，而要问“是狼还是狐狸”。如果回答说是狼，就说明生的是男孩儿，如果回答是狐狸，就说明生的是女孩儿。

孩子出生七天之内举办命名仪式；满40天时，要举办入摇床仪式；孩子长到一岁左右时，要举办学步仪式；男孩子长到5岁或7岁时要举办“割礼”仪式，女孩儿则要举办扎耳朵戴耳环仪式。

“白什克托依”——摇床礼

柯尔克孜族称入摇床礼为“白什克托依”或“杰尼太克托依”，一般在孩子出生第七天或第九天举行。与命名礼一样，在入摇床礼举行的时候，也要宰羊、请客。不过，参加仪式的一般都是妇女。

仪式开始时，有一位老年妇女诵经祈祷祝福孩子的摇篮日。

祖母或母亲把孩子洗干净后，给他穿上最新、最好的衣服，抱到来宾面前，然后由年长的妇女把孩子放进摇篮里，并在孩子的枕头下面放一把刀和抄有经文的护身符，做镇鬼驱邪之用。人们认为这样孩子就不会受惊吓，睡得安稳。把婴儿放入摇床之前，先要把绵羊的左右双拐骨、斧子、刀子等物品在摇床上放一会儿，意为希望孩子健康，将来成为像钢铁一样刚强、像刀斧一样锐利的男儿；放入羊拐是希望孩子像绵羊一样善良。把孩子放进摇篮后，还得捏一下孩子的鼻子，让他哭出声来。人们认为在摇篮里爱哭闹的孩子，长大以后才老实淳朴、健壮勇敢。如若是女孩儿则放针线。满月仪式只限于亲朋和邻里妇女参加。

婴儿40天洗礼

孩子的祖母或外祖母把一只手镯或一枚戒指放入盆里的水中，然后将孩子放入水中给他洗澡。每一位邀请前来参加仪式的妇女轮流用小木勺往孩子身上浇一勺水，总共要浇40勺水。给孩子洗浴完之后，把襁褓中的孩子在点燃的40支蜡烛上面摇晃40下，然后，将挂在门框上的红布取下来，给孩子穿上用40个补丁缝制成的衣服。

取名习俗

给孩子命名是一个十分严肃，而且十分庄重的事情。孩子出生三天后，父母要宰杀牛羊，邀请全村的人前来做客，并提前约定一位有名望的长老或者直接由孩子的外公等给孩子起名。柯尔克孜族给孩子起名有多种方式，名字的意思也很多，一般是预选许多有意义并适合孩子的名字。

古代柯尔克孜族在命名仪式上要一边用火镰打火石，一边一个个地喊出预先挑好的名字。如果喊到一个名字时，正好打着了火，就给孩子确定此名。现在，则通常要邀请一位毛拉或由孩子的外祖父、祖父或舅舅等为孩子取名。命名仪式上，为孩子取名的老人首先要在孩子的左右耳分别念诵唤礼，然后进行取名程序。名字选定之后，要大声地当众宣布婴儿的名字。众人则对新生儿的名字表示赞颂。

命名方式

为孩子挑选名字一般有三种方式。一是挑选有作为的祖先或历史上英雄人物的名字或当场采用在座宾客中德高望重者或百岁老人的名字；二是以出生地名，日、月、星辰以及花草等自然物的名称或有一定象征意义的特殊日期、特殊时代或特殊事物为名字；三是直接从《古兰经》经文中挑选伊斯兰教圣人、圣裔们的名字。人们认为，挑选历史英雄人物或优秀祖先的名字为孩子取名，可以激励后代学习和继承先辈的优秀品格，做一个出类拔萃的人物；挑选自然界中的事物是为了表达对自然界的爱恋和敬仰；选取《古兰经》经文是为了表达自己的宗教情感。

花海

由于以游牧生活为主，柯尔克孜人多以山林、猛兽、花草、河流或自然现象命名。如“包兰巴依”（旋风），“阿依古丽”（月亮花），“安瓦尔”（曙光），“阿尔斯坦”（雄狮），“苏奇巴依”（河流一般的巴依），“阿坦巴依”（单峰雄骆驼般的巴依），“阿斯卡尔”（山顶），“卡尔勒巴依”（白雪），“奥尔曼”（森林），“阿娜尔古丽”（石榴花）等。

那些因为常常流产而难得子女的人们，都会以“让孩子留住”的愿望，为孩子取“托合提阿昆”（停下来+阿昆）、“吐尔逊”（停住）、“吐尔逊古丽”（停住+花儿）、“布如丽”（从此转变）等名字。这些名字所表示的含义都是留下、停住的意思。此外，人们还为了避免毒眼或毒舌对孩子的侵害而取“卡拉库勒”（黑仆人）、“提列米齐”（乞丐）等名字。柯尔克孜人还有用与天空、星辰有关系的名称来进行命名的习惯，如“吉丽德兹”（星星）、“乔里潘”（启明星）等。如果出生的孩子是个独生子，人们为了避免毒眼或毒舌的伤害，习惯于将孩子的耳垂扎眼给其戴上耳环，使其穿得如同女孩子一般，或者成人之前一直让他穿别人穿过的衣裤。信奉伊斯兰教的柯尔克孜族，多起经名或圣人、贤人的名字，如“穆罕默提”（先知之名）、“伊斯拉皮尔”（神之名）。

名字映像

柯尔克孜族的名字既反映了本民族的传统文化特征和信仰，又具有明显的时代感。如反映民族心理和文化的名字：柯尔克孜族历来崇拜英雄，因而在男孩子名字后面加上“巴特尔”（英雄）。希望女孩如同山花一般的美丽，便在女孩名字后面加上“古丽”（花儿）。具有历史时代感的名字，反映在名字后面加上“别克”（伯克）、“巴依”（富翁）等。新中国成立后所起的名字后面常出现“阿扎提”（解放）、“英克拉普”（革命）、“玛达尼亚提”（文化）等。

命名宴

名字取好之后，举行命名宴。过去，在柯尔克孜族牧区，命名宴会上除了牛羊肉、奶制品以及果品、糖果等之外，还有一种特殊的食品，那就是把沙枣去核，把小麦、青稞炒熟后磨成粉，将煮熟的牛羊肉切成粉末，拌入酥油、奶皮子而制成的食物，被称为“建贴克塔勒坎”，擦拭在孩子嘴唇上或喂一点给孩子，然后供宾客享用。这样的食品中不但包含树上的果实，也有地上的庄稼，山上跑着的牲畜。孩子品尝这样的食品长大后就能不愁吃、不愁穿，拥有这一切，成为身体健康、生活富裕的人。人们吃了这种食物也真心诚意感谢主人的一片真情，并用动听的语言为孩子送上美好的祝福。

姓与名的组成

柯尔克孜人一般有名无姓。其姓名一般由本名和父名组成。如“努尔别克·司的克”，“努尔别克”是本名，“司的克”是父名。其后代的名字后面则加他的本名“努尔别克”作为姓氏，如

"居素甫·努尔别克""阿依古丽·努尔别克"等。居住在黑龙江省富裕县五家子屯的柯尔克孜族由于与汉族杂居，遂产生了姓氏，共有六大姓：吴姓（他本）、常姓（额齐格）、韩姓（嘎博韩）、蔡姓（蔡音额热）、郎姓（博勒生热）、司姓（黑热格斯）。这六大姓中以吴姓最多。这些姓氏产生于柯尔克孜人迁入嫩江平原之后。

育儿习俗

柯尔克孜族在过去举行满月仪式时，要在毡房外生40堆火，让母亲抱着孩子跳过火。还要举行母亲抱着孩子，用牙齿解开40个巾结，40位年轻妇女用箭射打40把火等多种游戏。这些习惯，可能出自他们原来的萨满教信仰。今日，居住在偏僻山区的一些柯尔克孜族，仍保留着用箭或用猎枪打火的习惯。

"加什托依"仪式

孩子满周岁时，家人邀请远近男女贵客，隆重举行"加什托依"(周岁仪式)。周岁仪式上，以招待小客人为主。让他们就坐在餐布主席座位上。在放着各种食品的餐布中央，燃一把蜡烛，让小孩儿吹灭，然后给孩子喂上12勺牛奶（冬季可以用奶酪水），意为正满12个月。在进餐时，坐在主席上的12个孩子，拿12块奶疙瘩和自带的礼物一起赠给周岁孩子。年老贵客将盘中羊肉割下12块（一般是耳朵2块、眼睛2块、4条腿8块，共12块），给孩子吃。另外，分吃羊尾、羊头和羊体其他部位肉的客人，要剩下一部分肉送给孩子。最后要举行适合于小孩儿心理的各种精彩游戏。经济条件较好的家庭，还要举行赛马、叼羊、摔跤、马背角力、拔河等多种游戏。古代柯尔克孜族还要在毡房围毡上，挂白羊、金牛、双子、巨蟹、狮子、室女、天秤、天蝎、人马、摩羯、宝瓶、双鱼等黄道十二宫的图像，让孩子记住它们的顺序和名称。主人还要宰杀12种可食动物和禽类，热情招待来宾，并且让周岁孩子品尝每种畜肉。今日，在一些柯尔克孜地区，仍保留着举行周岁仪式跳粗毛绳栏、宰杀12种动物和禽类的习惯。

开步礼仪

孩子长到1岁左右能够站立并踉跄走动时要举办开步礼仪式。此仪式要邀请亲朋和左邻右舍的孩子参加。仪式开始之前，先用红线拴着孩子的双腿，由母亲扶着，由几个三岁的小男孩儿或三个小女孩儿，跑步前去剪断拴在孩子腿上的绳子，然后由父母亲拉着小孩儿在众人面前移步一圈。这样，就表明了婴儿开始学步走路，进入人生的新阶段。仪式结束后宴请来宾。

上马仪式

牧区的柯尔克孜族孩子5岁时，要教其单独骑马，这第一次骑马要举行上马仪式。在举行上马仪式时，家里要准备一匹2～3岁小马驹，并以全新的马衣、马鞍、马嚼、马镫、马鞭来装备，马驹头上还要扎上红绸、红穗、红布、红花等装饰品。先由孩子的父亲帮助孩子骑上马背，牵着马绕场一周，然后放开马缰，让孩子在5～7个小孩儿陪伴下慢慢绕场走5～7圈。来客在观看完孩子骑马技术后，纷纷前去祝福。这时孩子的父亲当众宣布将这匹马连鞍具一起送给孩子，并向陪伴的孩子赠送礼品，以表示感谢。来宾们也纷纷向孩子赠送各种礼品。如今在城市举行这个仪式时，请客送礼更为隆重，礼品多为学习用品和衣服，上马仪式则易为表演节目和唱歌、朗诵诗歌，能唱几节英雄史诗最受欢迎。

少年骑马礼

施割礼仪式

柯尔克孜族男孩儿，到了六七岁入学前，要按伊斯兰教规行施割礼。届时，要宰杀马驹，邀请邻里及周边的亲戚举行隆重的仪式。不仅男孩儿本人要着新衣新帽，就是全家人也要着装一新，接待前来祝贺的客人，宴请招待，有条件的家庭还会举办叼羊、赛马、民歌演唱等各种活动，热闹三天。这个仪式无疑是柯尔克孜人皈依伊斯兰教后出现的宗教礼仪。

梳辫子与扎耳孔仪式

柯尔克孜族女孩儿5—7岁时要举行扎耳孔、梳辫子的仪式。举行这一仪式时，只限妇女和女孩子参加。仪式开始时，由一位有威望、没有二婚史、洁身自好的老年妇女来为女孩子梳头、编辫子。梳辫子之前，还要邀请这个妇女举手祷告说：“这不是我的手，而是乌麦女神母的手。”然后把这位女孩子的头发梳理后编成四十根小辫子，并用白丝绒将辫梢系起来。人们对女孩儿的四十根头发很尊重，事事要让着她。民间甚至还有“女孩儿的四十根头发十分高贵”的说法。在这一观念的影响下，在家庭或社会中对女孩子非常尊重。进门先让她们进，让她们坐在上座，首先给她们端饭倒茶等等。如果家里宰羊，家里人要把羊的耳朵和舌头给女孩子吃，这是希望她们耳朵根子软而听话，口齿伶俐。当然，这种习俗并不意味着女孩子在家庭中就可以任性地享有无限的自由。她们也会得到来自母亲及其他长辈的成长教育，逐步学会妇道，学会如何保持矜持，如何为人处事，心灵手巧等等。

少女服饰

梳辫完成之后，由民间专门从事扎耳孔的妇女为女孩儿扎耳眼，并唱“扎耳歌”，为女孩儿祝福。扎完耳孔，女孩儿的母亲赠送给女孩儿一对金质或银质的耳环戴到已扎孔的耳垂上。来宾们也分别给女孩儿赠送礼物。

在民间，举行梳辫、扎耳仪式后的女孩儿不能同男孩儿一起玩耍，不能与兄弟们同一床睡觉，要遵守男女有别的种种讲究和妇女传统规矩。扎耳仪式也就是成年礼，表明女孩儿正在走向成熟。给女孩子穿耳孔之后，要为其耳戴上三棱形耳环，因为这种形状的耳环外形与“图玛尔”（护身符）非常相近。柯尔克孜人在日常生活中对“图玛尔”及与其类似的东西看得很重，而且使用得也较多。

知识链接 **图玛尔** 民间为了儿童辟邪以及免遭毒眼毒舌的伤害而特意给其佩戴在脖子上或者缝在衣服里的护身符。这种护身符的形状大多为三角形，由德高望重的宗教人士制作。据说图玛尔制作过程是阿訇对着一张白纸画符，念诵一段古兰经文，将其折叠成三角形放入黑色布片或一张狼皮、鹿皮中缝起来便可。除此之外，有时候为男孩儿还直接用狼髀石、狼牙、鹰爪、熊爪等作为护身符；女孩儿则直接戴上黑白相间的花斑珠子用来辟邪。

歌声相伴的婚礼喜庆

柯尔克孜族的婚姻习俗随着社会生活的发展逐步从古老的婚姻形式向现代发展。柯尔克孜族从古至今都实行族外婚，禁止在七代直系亲属之内通婚。当代柯尔克孜族主要以自由恋爱，父母指定的方式结婚。婚姻程序比较复杂，主要有提亲，订亲，会面，约定婚期，婚礼，串亲戚，回娘家等环节。婚礼仪式的内容包括准备婚礼食品、烤全羊、送婚礼期间宰杀的牲畜、迎亲、送聘礼、接新娘、顶天窗、新郎新娘见面、送彩礼、收嫁妆、婚礼庆典仪式、新郎新娘“萨达哈”祝福仪式、征婚念尼卡、新郎新娘入洞房、给新娘梳辫子、新娘告别等。

提亲订亲

提亲是第一个程序，也就是男方近亲前去姑娘家里提亲。提亲时男方家人要带上必要的礼品。因为现在青年男女自由恋爱，

▲

婚礼之前

男方家一般会得到满意的答复。得到答复之后，男方家人便开始迎娶新娘的准备。婚前准备的首先一个内容便是订亲。订亲是双方经过协商达成成亲意愿和协议之后，男方亲属带着给女方父母的衣料或成衣以及特意为未来新娘购买的耳环、手镯、项链等金银首饰和其他礼品到女方家举办的订亲仪式。他们要在姑娘嫂子或者已婚的姐姐的陪同下去见未来的新娘。姑娘见到未来的婆家人也要大胆地鞠躬施礼。前去订亲的男方母亲以及姑姨们说些赞美姑娘的话并把带去的首饰给她戴上。与此同时，两方家人还要约定婚期。姑娘带上耳环、手镯等首饰就表明自己已经定下了终身。这个仪式之后，男子可以自由出入未来岳父的家门，帮助干一些家务，未婚男女可以光明正大地随时见面，彼此交流感情。

准备嫁妆

提亲、订亲、约定婚期等仪式过后，姑娘开始准备嫁妆。姑娘的嫁妆一般是少不了绣制一个图希图克（帷幔）、缝制一条花毡和若干套被褥、枕头以及其他一些家庭生活用品。姑娘的父母还要为女儿准备一套新婚礼服和一套马具。马具通常会包括马鞍、马镫、彩绣马衣、马垫、马用褡裢及其他附属品，当然还会包括一匹好马。

成亲仪式

嫁妆准备好，双方经过商定，定好吉日就可以举办成亲仪式。成亲仪式可以说是结婚仪式高潮。男女双方亲朋好友都要被邀请前来参加。男方被邀请参加的客人们都要赠送相应的钱物或牲畜作为凑份子。女方的亲属们也要送来衣料、被褥或钱财等物品凑份子。女方家里要给男方赠送的礼物必须凑成九份为一打。男方除了准备了彩礼之外，还要将举办婚礼的油果子和燎好的全羊以及糖果、干果等食品一起装进一个褡裢里，并系上一团白棉花搭在马背上，这匹马的额头上也要绑上白棉花，连同礼物一起送到女方家里。系白棉花是预祝婚礼一帆风顺，新娘新郎白头偕老。新郎官也要特意准备一褡裢美食带上，这叫“江巴西特克”。这个“江巴西特克”内装有专门为新娘和嫂嫂们准备的熟羊羔肉、糖果、干果等食品，而且褡裢的口要绑成不容易解开的死结。嫂嫂们在招待客人时要亲自打开这个“江巴西特克”，检验嫂嫂们的能力和巧手。

▲

柯尔克孜族婚礼

参加成亲仪式的男方客人到达女方家里时，女方家人要前去相迎，接住马缰绳，搀扶年长者下马，替他们拴马，引屋里就座。在一些柯尔克孜族地区，客人进屋时还要在他们身上、背上撒上面粉以示祝福。“阿克”（白色）是纯洁吉祥的标志。柯尔克孜族常把婚事看作清白、纯洁、真诚、大喜、大乐之事。因此，客人们要带着吉祥标志进门就座。新郎以及傧相会安排在专门为新人们准备的房间做客。

知识链接 过去，牧区的结婚聘礼基本上都用牲畜来计算，一些富贵人家都是用九头一组的不同牲畜搭配。这种聘礼组合被称为“托古孜卡拉”，即九头一群的九种牲畜或“托古孜塔尔图”，即九件一封的九种财物。比如，前者包括一峰骆驼、四匹马、四头牛或相当于这个价格的绵羊等；而后者则包括九种物品或大衣、外套、长裙、靴子等九种衣物。

女方家人收下彩礼和聘金之后首先分拨招待亲家客人。新娘婆婆掀开新娘的盖头，亲吻其额头祝福之后，就拉开了婚礼的序幕。然后便是传统的“顶天窗”仪式。“顶天窗”是由新娘的叔叔、伯伯或者舅舅用白纱布裹上各种食物、糖果、干果等，用一根长木棒挑起来从毡房顶部天窗上抛出去，早已在外面等候的人们则纷纷争抢，谁把包裹抢去就被认为是幸运者。这个仪式表明婚礼的所有手续顺利完成，娱乐活动可以如期举行。此时，最热闹的莫过于年轻人的娱乐和新娘新郎会面仪式及“会面舞”。

夜色临近，北极星出现时，新娘新郎还要举行一个意义深远的古老仪式，那就是用热羊肺拍打新人的头部为他们祝福的“萨达哈恰吾”仪式。其过程就是宰杀预先准备好的一只山羊，掏出热肺，从新娘新郎头上盖着的布单外面拍打他们的头部，吟诵祝词。这实际上是古老的萨满文化遗存，拍打热羊肺时要说一些驱邪、祝福的话，表明两人的婚姻除了证婚人外，还有天、天上的星星、大地母亲、鲜红的热血为证。

▲

柯尔克孜族婚礼

知识链接 **萨达哈恰吾** 为了除病驱邪、免遭厄运而杀生祭祀和施舍的仪式。这个仪式包括三个内容：一是杀生，二是施舍，三是驱邪祈福。柯尔克孜族从古至今都保存有萨达哈恰吾仪式。在史诗中当英雄出征或回归时要宰杀白马、牛等大畜进行祈祷祝福，并将肉分发给穷人。婚礼中的“萨达哈恰吾”，是为了给新婚夫妇祈福，这也是一个必不可少的仪式。

当天晚上，新郎新娘还要在伴娘傧相的陪同下按照伊斯兰教教规，由一位毛勒多（伊斯兰教阿訇）主持证婚仪式，即“尼凯”仪式。毛勒多先叮嘱新郎结婚后要爱护妻子，不能打骂或背叛妻子，出远门时要给妻子留下足够用的钱财备用等，然后还要向新娘说明严守妇道、忠于丈夫、尊敬丈夫、善待家人等道理。最后，要让他们吃下泡在盐水里的一块馕，让他们遵守自己的诺言，永不变心。这是人们自古以来对盐的一种崇拜。这个仪式过后，一对新人就可以放心地入洞房了。

第二天，新娘的母亲、姐姐、嫂子们则忙着为新娘梳辫子，把以前的40根细辫子分梳成两根粗辫，表明姑娘已经正式成为人妻，标志着一个天真烂漫的少女时代已经结束，随之而来的将是一种全新的生活体验和考验。

演唱民歌贯穿婚礼的全过程。婚礼当天，新娘新郎会面时，姑娘的嫂子要唱起见面歌主持晚会，年轻人可以尽情地唱歌跳舞。此外，在送新娘之前，姑娘的嫂嫂还要唱劝嫁歌，引导和教育新娘到了婆家应该如何持家、待人接物等。

独特的丧葬文化

古代柯尔克孜族的丧葬方式有火葬、土葬、树葬等。他们崇尚万物有灵的观念，崇拜自然界众神。据《新唐书·回鹘传·黠戛斯》记载，古代柯尔克孜人“丧不剺面，三环尸哭，乃火之，收其骨，岁而乃墓，然后哭泣有节”。

古代英雄墓地麻扎

在现代社会，除了额敏县以及黑龙江省富裕县五家子、七家子居住的柯尔克孜人之外，柯尔克孜族都要按照伊斯兰教的习俗举行丧葬活动。柯尔克孜族的丧葬仪式通常十分严肃而庄重，它既保留了古老萨满文化的因素，也有后来皈依伊斯兰教的传统。

当人断气之前，通常会邀请一位伊玛目（清真寺主持）坐在他身边轻声诵读《古兰经》文。断气后要抽掉死者头下的枕头，把死者的头放平躺直，用白色纱布把死者下颌兜起来，用白布将死者的两脚大拇指捆绑在一起，双手则平放在尸体两侧。

人死后要另外支起一座毡房，把尸体安放在其中的灵柩内，

墓地

让死者头朝北，面朝西躺下。家里人穿上黑色衣服，妇女戴黑纱，面朝西跪坐哭唱“哭丧歌”，赞颂死者生前的事迹，表达对死者的缅怀之情。在毡房左角还要挂上死者的帽子、衣服、鞭子等生前用品，门外竖起一面黑旗。家里年轻男子和小孩要支着木棍站立在停放尸体的毡房前放声哭泣，并唱“离别歌”。男人或亲属骑马到各地向亲友报丧。邀请阿訇念诵《古兰经》。家里人或死者的亲属们轮流守尸。丧礼前，阿訇在死者嘴里滴入几滴水，以示超度升天。

死者下葬时必须完成净身、裹尸、行殡礼、下葬四个步骤。“净身”是将死者的尸体停放在木床上，用温水清洗尸体并擦拭干净。清洗完尸体后要用“凯品（裹尸布）”缠身，男性包三层，女性包五层，安放在灵柩（基纳扎）内，用颜色鲜艳的毯子等盖上。灵柩要抬到清真寺院内，在阿訇或伊玛目主持下集体为死者默哀祈祷，举行念经送葬仪式，给死者赎罪，祝愿他早日进入天堂。出殡仪式不能在清真寺大殿内进行，而要在院里举行。出殡礼要避开日出、日落和正午时分，当然也不能在晚上进行。最后一项是下葬。遗体要抬到预先选定地址并挖好的墓穴实行土葬。坟坑要先挖2米深、2米宽，然后从坟坑右边再挖出一个2米深、1米宽、1米高的墓室。墓室要从坟坑底部大约高出30厘米。尸体头朝北，脚朝南，面朝西安放。墓室口要用石板或砖块封堵。然后众人一起将挖出的坟坑用土填平。送葬者每人添七坎土曼土。墓前用木头做记号或用石块立碑，碑面上写死者的姓名、出生和死亡的年份。按照传统，妇女不去清真寺参加念经送葬仪式，也不能到墓地去送葬。

知识链接 **坎土曼** 新疆农牧区用来挖土、锄地的一种农具。由木柄和铁头两部分构成。木柄长约100—120厘米，铁头呈盾形。铁头的大小不等，大的长约30厘米，宽约25厘米，重3—3.5公斤；小的长约25厘米，宽约20厘米，重2—2.5公斤。

对死者的祭奠仪式通常在死者去世后第三天、第七天、四十天、周年的时候举行。举行这些祭奠仪式时，死者的女性亲属以及前来参加祭奠活动的妇女都要背坐着唱哭丧歌，歌声委婉浑厚，催人泪下。周年祭奠一般是为尊贵老者举行，规模很大，也最为隆重，不仅要宰杀牲畜接待客人，还要设立奖品，举办叼羊、赛马等民间游戏活动来取悦亡灵。实际上这种祭奠活动是属于前伊斯兰教的产物，但至今仍十分流行。死者去世40天内，家里人不能梳头、理发、刮胡子。一周年之内，不能穿新衣服，也不能举行任何娱乐性活动，更不能举行婚礼。

令人难忘的待客习俗

柯尔克孜族是热情好客、重礼节的民族。他们有句俗话："祖先留下的遗产中，一部分便是留给客人的。"所以，他们在任何情况下，都要留最好的食物招待客人。他们只要听到有客人到来的声音，不论相识与否，都要出门迎接，相互握手、问安，并且要宰羊煮肉进行招待。不招待就把客人放走，尤其是太阳落山后没有留客人住宿，在柯尔克孜族的习惯上，是一种严重的失礼行为。

客人来恰

主人家的孩子要为客人掀起门帘或开门请客人入屋以示尊敬。客人进门后，主人帮他脱帽脱衣，把其鞭子挂在毡房的左侧

柯尔克孜族待客

▲

家用器皿

栅栏上，然后请客人洗手，铺上餐布，请客人入座，随后香喷喷的奶茶、馕、油炸疙瘩、奶油、奶酪、酸奶、马奶子等就端到了客人面前。接着，主人牵一只羊进门，直立并举起双手请求“巴塔”祈祝仪式。求真主保佑全家平安、人畜兴旺、万事如意、未来幸福。陪客中少不了歌手、琴师，还有笑话大师。在他们的陪伴下，歌声、琴声和欢快的笑声充满整个毡房。

羊肉待客

吃羊肉之前，主人要请客人再次洗手，重铺餐布，这才把煮熟的羊肉端上来请客人食用。主人向客人分肉有严格的规矩。男性主客吃羊头肉，女性主客吃连着髋骨的羊尾巴肉。然后按顺序挑选连骨肉块。主宾吃羊头时，要用刀先自己尝一口，然后割下羊的右耳送给席上小孩儿。羊头的右面颊肉则自己吃或与同席的人分享，左面颊要回赠给主人家。客人按主次依次吃羊的胯骨肉、股骨肉、肩胛骨肉等。除这些大块骨肉之外，每一个盘子里还有相当数额的排骨肉、颈椎骨肉等。羊肉快吃完时，要留一部分盘底送还主人，表示感谢主人盛情款待。最后再举行“巴塔”，洗手，结束宴席。

知识链接 **巴塔** 柯尔克孜族古老的祈福仪式。在日常生活中异常广泛。在婚礼、生日、割礼、节日、宴会前后，在宰杀牲畜乃至平日吃饭前后，人们出远门之前和返回之后都要接受长者的祝福。祝愿人们长寿、健康、幸福、平安。巴塔由朗朗上口华丽的祝词，富有韵律的箴言和动听的诗句打动人心，表达美好的心愿。

马驹待客

柯尔克孜族认为“马是诸畜之王，骆驼是诸畜之首”。因此如遇贵客临门，还要杀马驹或驼羔招待。这是对客人最大的礼节。宰杀马驹之前，也要举行“巴塔”祝福仪式。马驹肉煮熟端上餐布之后也要严格按照客人的主次来分配享用。主客要先拿起马的髋骨部位品尝，并且切下一些肉分配给同席的客人分享。其他客人则依次取马驹的肋骨肉、颈椎肉享用。客人不能将骨头上的肉吃干净，必须留一些肉回赠给主人家的孩子，以示有礼节。

《玛纳斯》史诗插图

“纳仁”

无论是吃羊肉还是吃马驹肉，肉吃完之后主人都要用剔骨肉做成柯尔克孜族特有的“纳仁”招待客人吃饱。其做法是先将剔骨肉切成碎末，然后加入葱末和面条拌成。

做客礼节

当然，主人恭恭敬敬地按照传统礼节热情招待客人，客人做客也要遵循一定的礼仪。吃饭前后洗手时不能甩手，要用客人送来的擦手巾轻轻擦拭。决不能跨过铺开的餐布。客人吃饭不能用手挑三拣四或用手乱抓食物，不能用鼻子嗅闻食物，也不能动别人的碗勺。吃肉必须用刀子切下，一块一块地吃。吃馕时要先掰开来吃，不能随便拿起一块就吃。

柯尔克孜族人招待客人讲究热闹和排场，所以客人来到家里，他们就会把邻里能说会道、善于讲部落史“散吉拉”，会演唱《玛纳斯》史诗和其他柯尔克孜族史诗的民歌手、故事家、考姆孜琴手请来陪伴客人助兴。

柯尔克孜族亲属称谓

柯尔克孜族中家庭（吾伊）和家族（苏约克）观念很重。因为自古以来家庭和家族是民族、部落和氏族的基础。柯尔克孜族一般是家长制家庭。家长通常是祖父或父亲。家长处于全家的支配地位，具有至高无上的权力。独生子一般不分家。多子女的家庭在儿子长大结婚后都要依次分家，另立门户。但幼子是家长的主要财产继承者。家庭中，养子也会得到亲生儿女同样的继承权。

爷孙俩

家族“苏约克”一般指处于同源的七代直系亲属和旁系亲

属。直系亲属主要包括曾祖父“巴巴”，祖父“琼阿塔”，父亲“阿塔”，本家儿女“巴拉”，孙子“涅维热”，曾孙“切维热”。旁系亲属主要包括曾祖父、祖父和父亲的兄弟姐妹，尤其是伯父“阿瓦”，伯母“琼埃涅”，叔叔“塔哈”等。母亲方面的亲属，如外祖父、外祖母、舅舅、表姐、舅嫂及其兄弟姐妹也属于亲属范围，但在血统关系上主要表现在婚俗方面。

柯尔克孜族亲属关系一览表

亲属关系	汉语称谓	柯尔克孜族称谓	备注
父亲之父	祖父（爷爷）	琼阿塔（qong-ata）	泛指祖辈
父亲之母	祖母（奶奶）	琼叶涅（qong-ene）	泛指长辈
母亲的父亲	外祖父（外公、姥爷）	泰阿塔（tay-ata）	
母亲的母亲	外祖母（外婆、姥姥）	泰叶涅（tay-ene）	
父亲	父亲	阿塔（ata）	
母亲	母亲	叶涅（ene）（阿帕-apa）	
丈夫的父亲	公公	凯音阿塔（kayin-ata）	
丈夫的母亲	婆婆	凯音叶涅（keyin-ene）	
妻子的父亲	岳父	凯音阿塔（kayin-ata）	
妻子的母亲	岳母	凯音叶涅（keyin-ene）	
父亲的兄长	伯父	阿瓦（awa）、巴伊凯（ake）	
父亲的弟弟	叔父	阿瓦（awa）、巴伊凯（ake）	
父亲的姐妹	姑妈	埃捷（eje）	
父亲兄弟的妻子	婶母	京埃（jenge）	
父亲姐妹之夫	姑父	杰兹迭（jezde）	
母亲的兄弟	舅父	泰阿凯（tayke）、塔尕（taga）	
母亲的姐妹	姨姨、姨妈	泰叶捷（tay-eje）	

续表

亲属关系	汉语称谓	柯尔克孜族称谓	备注
母亲兄弟的妻子	舅妈	泰京埃 (tay- jenge)	
母亲姐妹之夫	姨父	泰杰兹迭 (tay- jezde)	
丈夫	丈夫	库约（kü-yöö）	
妻子	妻子	阔鲁克图（kolutuu）	
儿子	儿	吾勒（uul）	
儿子的妻子	儿媳	凯林（kelin）	
女儿	女	克孜（kiz）	
女儿的丈夫	女婿	库约巴拉 (kü-yöö bala)	
哥哥	兄	阿尕（aga）、阿凯 (ake)	
弟弟	弟	伊尼（ini）	
姐姐	姐	叶捷（eje）	
兄长称妹妹	妹	卡仁达西 (karendax)	
姐姐称妹妹	妹	森迪（singdi）	
堂兄弟姐妹之间	堂兄弟、堂姐妹	阿尕（aga)、 伊尼（ini)、 叶杰（eje)、 森迪（singdi）	泛指堂亲
表兄弟姐妹	表兄弟、表姐妹	波略（bölö）	泛指表亲
兄弟老婆之间	妯娌	阿布森（abusin）	
姐妹丈夫之间	连襟	巴加（baja）	

柯尔克孜族亲属称谓有几个特点：第一是后辈要在母亲亲属称谓前加“泰（tay）”这个附加成分，即在“阿塔”（父亲）、“叶涅”（母亲）、“阿凯”（哥哥）、“叶捷”之前加一

柯尔克孜族一家人

个“泰（tay）”来表示外祖父（泰阿塔）、外祖母（泰叶涅）、舅舅（泰阿凯）等。第二是丈夫方亲属和妻子一方亲属称谓相同。如果双方彼此称呼对方的亲属就要在“阿塔”（父亲）、“叶涅”（母亲）、“阿孬”（哥哥）、“叶捷”（姐姐）、“伊尼”（弟弟）、“森迪”（妹妹）之前加一个“凯音（kayin）”，即表示岳父岳母、公公婆婆、大舅子小叔子、大姨子大姑子等。第三是舅表、姨表和姑表兄弟姐妹的称谓，在兄弟姐妹的称谓之前加“波略”构成。柯尔克孜语“波略”意为“分”“分开”等意思，也就是说舅表、姨表和姑表兄弟姐妹是“分开的兄弟姐妹”。

柯尔克孜族禁忌

柯尔克孜族的日常生活当中，有很多禁忌。对待长者更要处处注意礼节，尊重老人。走路要让长者先行，交谈要让长者先说，而且不能中间打断。与老人交谈时，年轻人的声音要比长者低，妇女的声音要比男士低。要先请长者落座并坐在上首。坐下后，要求盘腿，不能将脚底朝向别人伸直双腿。年轻人不能直呼长辈的名字。接待客人时，要扶客人上下马，为客人打开门帘。饭前饭后或在进门时，要主动给客人倒水洗手。睡觉时，给客人铺床、收床，不能让客人自己动手。

禁在黄昏时睡觉。因为这个时刻天神要为人类赐予福祉，睡着了就会错过应得的一份福禄。早晨太阳升起前须起床，否则会被天神列入死者名单。因为在太阳升起之前天神要清点生者与死者人数。禁在夜晚互喊姓名，否则魔鬼会盗取其姓名，给人带来麻烦。

饮食方面，柯尔克孜族忌食猪肉、狗肉、驴肉、猫肉以及自然死亡的动物肉。

柯尔克孜族还十分忌讳背后议论他人及撒谎、诅咒、欺骗，禁忌偷窃、吸毒、赌博等恶习，若有发现将受到严厉惩罚。过去按部落习惯，偷窃者要砍手，偷一次砍一只，再偷砍另一只，惯偷要杀头。其他犯罪者要实行“九罚”（罚九头牲畜），对情节严重者要处以三个九罚。对不正当的两性关系者也实行严厉惩罚，如有发现，要把他们拉出来，往脸上抹锅黑示众，并没收男方财产。

由于宗教上的原因，过去柯尔克孜族中很多人不在星期五出工，如果出工，出工前要念经祈祷。不能对成穗前的庄稼估产，不能在庄稼地上大小便，不能用禁食动物的粪便做肥料。收割庄稼时，要举行收割仪式，演唱收割歌。打场时，要杀鸡、宰羊，将鲜血洒地，以贺丰收。另外，收麦时，还另拨出一小部分麦子，称“切什”，作为施舍，送给托钵者。路过“麻扎尔”（圣地）和墓地时，必须下马祈祷，不能在这样的地方吐痰和大小便。

柯尔克孜族在起居方面有很多禁忌和礼仪。自古以来，柯尔克孜族在支毡房、建房屋时都习惯将房门朝日出的东面开，忌朝西方或其他方向。房内有长者或客人时，小孩子和房主不能坐在上席位置。家里有客人时，禁止扫地，不能跨过客人座前或在客人睡下之前主人先躺下。住房与住户有着神秘的联系，如果房子是充满“阿克交勒托依”（有福气），就会给住户带来福运；如果房子是“卡拉交勒托依”（有邪气），则会给住户带来厄运和晦气。所以在建新房上梁时或支起新毡房时都要在房梁上缠上一条棉花团或白布条，新房入住时还要宰杀牲畜祭祀，招待来客。

柯尔克孜族对于各种色彩的禁忌也有充分体现。在柯尔克孜族看来，黄色是悲痛的象征，是不吉利的颜色。因此，用来宰牲的牲畜都是选择黄色，或者是白色黄山羊。人们认为选择这种黄色的牲畜做祭品，祭祀者的疾苦就会随牲畜脖子上流出的鲜血一起流走。白色是柯尔克孜族所崇拜的神秘颜色，象征着富足、纯洁、吉祥、幸运等。如果晚上从家里往外拿白面、奶汁、乳酪等白色东西，就会被认为是拿走财富、吉祥和福运，因此是绝对禁止的。甚至白马也不能用“白马”来称呼，而将其称为“红马”（克孜勒阿特）或者“布茹勒马”“库拉马”等。而对于白色的狗则用“库”（枯白色）。这些禁忌毫无疑问与崇拜习俗有着密切的联系，有很深刻的宗教和哲理含义。黑色被认为是能引起恐慌、带来灾难的颜色，它象征邪恶、恐怖、黑暗、绝望、魔鬼世界等，因而产生了在葬礼上穿黑色服装，而在平常生活中忌黑的习俗。

第四章
源远流长的民族文化

从叶尼塞河到广阔的欧亚大草原和天山、帕米尔高原的迁徙过程中，柯尔克孜族孕育多少文明的火种，遗留了多少文化的基因，创作了多少文明的成果，携带着多少文化遗产只有历史才能见证。灿烂的文化如同涓涓细流，携带着他们数千年的智慧，汇入中华文化的巨川大河之中，成为其中一朵朵美丽的浪花走向永恒。

柯尔克孜族所使用过的文字

柯尔克孜族的语言文字是古老的柯尔克孜族先民留给后代最重要的文化遗产，是柯尔克孜族人智慧的表现。

从史料以及出土文物、岩画中的文字符号来看，柯尔克孜族早在公元前2世纪左右就开始使用文字符号，被称为“巴克甫提”文（意为象形文）。这种文字是柯尔克孜人依据大自然的变化和生活内容以及各种动物的形态和动作创造的。他们用这种岩画文将族群内发生的一些重大事件、猎手们狩猎的情景等刻录在岩画上，表达自己的思想。在叶尼塞河流域、阿尔泰山脉、塔拉斯谷地都有这种文字符号的发现。

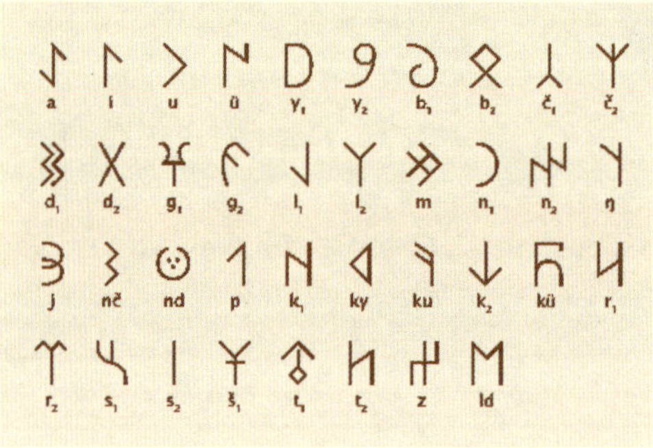

古代黠戛斯文

柯尔克孜族先民在叶尼塞河时期曾使用古柯尔克孜文（即鄂尔浑-叶尼塞文 Orkhon-Yenisei）。柯尔克孜人从5—10世纪都使用该文字。根据发现地点，它又被称为“鄂尔浑-叶尼塞文”或“塔拉斯文”。该文字为拼音字母文字，元音、辅音字母齐全，共有40个字母。黠戛斯（柯尔克孜）和突厥汗国、回纥汗国、高昌回鹘、骨利斡（在西伯利亚）等都使用过这种文字。因其与古代北欧日耳曼民族使用的鲁尼文外形相似，又被学界称为突厥鲁尼文。现存重要文献有《暾欲谷碑》《阙特勤碑》《毗伽可汗碑》《回纥英武威远毗伽可汗碑》《苏吉碑》等。这种文字有以下几个特点：叶尼塞河流域和塔拉斯谷地发现的碑文除了个别差别外，文字的字母形式相同；文字中保留了古代柯尔克孜语的语言特点；两种文字都是从右向左书写；文字上刻有许多古代柯尔克孜族的官名。古代柯尔克孜人刻写的《苏吉碑》证实了他们在古突厥文的基础上形成的鄂尔浑-叶尼塞、塔拉斯文字。这种文字，除了留下一些碑文文献外，都在民族的迁徙过程中失传了。

迁徙至天山及中亚地区之后，柯尔克孜族曾一度使用察合台文（Qagatay）。察合台文是由阿拉伯文字母为基础的哈喀尼亚文（喀拉汗文）演变而成的。有32个字母，字母分单写、词首、词中、词尾四种形式，即在单个使用和组词中位置不同，有不同写法。察合台文因察合台汗国（1225—1678）所使用而得名。最先在蒙古成吉思汗后裔察合台汗及其后代统治的地区形成，后延续到20世纪初。这种文字既保持了古代突厥文的传统，又吸收了许多阿拉伯波斯语源的词汇，曾一度在中亚、西亚乃至印度等地使用突厥语族语言的民族中广为流传。

阙特勤碑铭

从20世纪初开始，中亚及我国的柯尔克孜族分别开始使用斯拉夫文基础上改制而成的吉尔吉斯文和在察合台文基础上改制而成的柯尔克孜文。现代柯尔克孜族书面文字的产生是在20世纪20年代。1911年将以阿拉伯字母为基础的察合台文重新制定为符合柯尔克孜族语音特点、书写方便的现代柯尔克孜文。目前我国使用的文字是1955年编制的柯尔克孜文，这种改制后的文字由30个字母组成。

现代柯尔克孜族书法

柯尔克孜族的历法

柯尔克孜族是阿尔泰语系突厥语族民族中最早运用较为完整的日、月、季、年及十二生肖历法的民族。传统的游牧生产与气候的变化关系密切，何时配种，何时接羔，何时转场搬迁，何时剪毛，何时宰牲熏肉，何时加工畜产品，何时准备饲料等，都要根据气候的变化来决定。柯尔克孜族的天文历法是柯尔克孜族的先民在长期的游牧环境中逐渐积累起来的对气候的一种认识与总结，用来指导人们平时的生产生活，是我国天文历法中的一大成就。

柯尔克孜族的历法，新月每出现一次为一个月，十二个月为一年，以鼠、牛、虎、兔、鱼、蛇、马、羊、狐狸（猴）、鸡、狗、猪等十二动物纪年，每十二年一轮回。这种纪年的方法，来自于他们的祖先黠戛斯人的纪年方法。

山间牧场

在十二生肖纪年的基础上，柯尔克孜人又将一年分为十二个月，这十二个月是根据日月、星辰的运行情况以及日食、月食、流星等天文现象来划分并以十二个星星的名字命名的，它们是：一月（库喔孜，白羊座）、二月（约古孜，金牛座）、三月（阿日阿尼的尔，双子座）、四月（古朱克，巨蟹座）、五月（阿尔斯拉尼，狮子座）、六月（斯尼布列克，室女座）、七月（塔日阿扎，天秤座）、八月（恰雅尼，天蝎座）、九月（加阿，人马座）、十月（乌拉克，摩羯座）、十一月（库耐克，宝瓶座）、十二月（巴勒克，双鱼座）。这种纪月的历法，经过一段时间使用之后，柯尔克孜人又改用以动物名称及星星、月亮的运行情况纪月，显然是为了根据特定的环境和农牧业生产的需要。它们分别是：一月（加力阿尼库尔阿尼）、二月（奇尼库日阿尼）、三月（布胡）、四月（胡力加）、五月（台克）、六月（巴西奥纳）、七月（阿牙克奥纳）、八月（托吾孜顿阿依）、九月（皆提宁阿依）、十月（别西丁阿依）、十一月（玉奇丁阿依）、十二月（比尔丁阿依）。按照公历排列，上述这些月份的顺序依次是：3月、4月、5月、6月、7月、8月、9月、10月、11月、12月、1月、2月。因此，按照柯尔克孜族古代历法，一年是从春天开始的，一月“加力阿尼库尔阿尼”便被排在了第一位，十二个月的名称又都有特定的含义。

据《新唐书》记载，古柯尔克孜人“谓岁首为茂师哀，以哀为一时”分为春、夏、秋、冬四季。这与柯尔克孜地区流传的巴什阿依历完全符合。“巴什阿依”意为首月，即《新唐书》记载中的茂师哀，“巴什阿依”的岁首为春分，即相当于公历3月21日至22日，这是巴什阿依历的元月一日，柯尔克孜人把这一天称为“诺茹孜日”，即元旦。所以巴什阿依亦称为“诺如孜阿依”。巴什阿依历分为12个月，即首月（bash ay，巴什阿依）、美月（körük ay，阔锐克阿依）、布谷鸟月（kükük ay，库库克阿依）、伏天月（childä ay，齐力德阿依）、金黄月（sarecha ay，撒尔恰阿依）、公羊绑兜（分群）月（ker küyäk ay，克尔亏约克阿依）、落叶月（mizam ay，米扎木阿依）、修圈月（qaracha ay，喀热恰阿依）、拴锅（熏肉）月（qazan ay，喀赞阿依）、积食月（qangtar ay，康塔尔阿衣）、白雪月（aqpan ay，阿克番阿依）、末月或老月（chal ay，恰里阿依）。柯尔克孜族一年一度的新年节日——诺茹孜节即是根据巴什阿依历举行的。

▲

《新唐书》书影

柯尔克孜人主要根据星宿的运行来确定四季。白羊座、巨蟹座、天秤座、摩羯座等行星的运行与四季变化有关，于是他

耸立的雪峰

▼

们根据这些星座的变化来确定春季（加孜）、夏季（加依）、秋季（库孜）和冬季（克什）的开始与结束。另外，他们还根据昴宿星的运行规律来分辨节气。昴宿星一年一度第一次出现时，说明炎热的夏天已过，凉爽的秋天已经来临。随后昴宿星出没，一般都在立秋、白露、寒露、立冬、小寒、惊蛰、清明等节气。其后，在40天时间内见不到昴宿星，柯尔克孜人把这个时期称为昴宿落地或昴宿落水时期，这一时期也是夏季伏天时期。他们认为，昴宿落地时，往往发生干旱；昴宿落水时，则发生多雨天气。

知识链接 柯尔克孜人根据星宿的变化来预报天气。例如，他们认为，冬天太阳周围出现大红晕时，第二天或第三天必下雪；如果出现小红晕，则第二天天气变冷，会下小雪。如果日出后出现小红晕，第二天天气明显变冷；在日落时出现小红晕，第二天的气温上升。冬季黄昏时，如果在东南方向出现金星，则第二年的一、二、三月气温升高，反之，气温较低。秋季时节，如果西南方向出金星，则冬季多雪，天气寒冷。

十二属相的来源

柯尔克孜有自己比较完整的纪年法，采用十二生肖纪年。唐以前柯尔克孜就使用“穆确力历”，如岁存子则谓之鼠年，在戌则谓之狗年。十二生肖的排列顺序为：鼠（齐齐卡尼）、牛（吾育）、虎（巴尔斯）、兔（阔约尼）、鱼（吾鲁）、蛇（吉拉尼）、马（吉勒克）、羊（阔依）、猴（蔑勤或马伊姆乐）、鸡（托奥克）、狗（伊特）、猪（东吾孜）。这种纪年法一直沿用至今。从20世纪初起，柯尔克孜族才开始了解和使用公历，但自己的古老纪年法并没有舍弃。

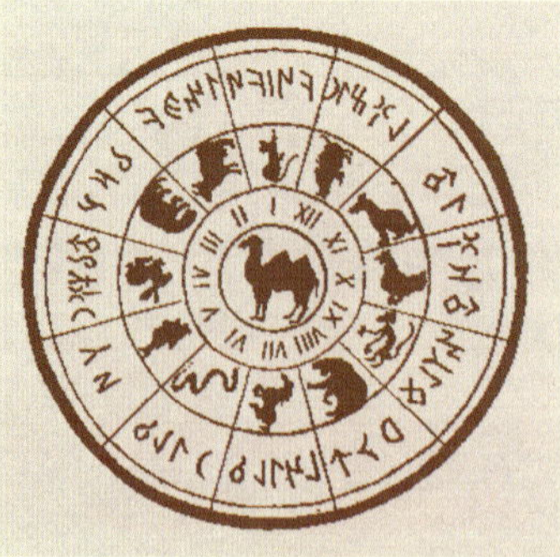

十二属相图

关于柯尔克孜先民们创造十二生肖纪年法，还有个优美的传说：

很早以前，有个柯尔克孜汗王率兵打仗，打了几年仗，有胜也有负。他想把这些战争记录下来，传给后代，作为经验和教训，但由于无纪年法，实在无法记清楚。于是，他召集群臣，想创造一种纪年法，让群臣出主意。满朝文武，齐集一堂，各抒己见，纷纷献计献策，最后根据一位老人的提议一致决定以动物名称纪年。汗王号令臣民百姓都到河边围猎，将各种动物都赶到大河边，并将它们同时赶下水去，并决定以先上岸的十二种动物纪年。其中老鼠小巧灵活，在各种动物背上跳来跳去第一个上了岸，排在首位，猪最笨，游得最慢，最后一个上岸，排在末位。

▲

头饰

民间流传另一个传说：

讲述很久以前动物们都争论谁的名字将被称为新世纪的第一年。最终决定进行一场渡河比赛，第一个看到日出的胜出。它们开始等待日出，骆驼伸出长长的脖子，而老鼠则爬到其头顶，第一个喊出："我看到了太阳！"所以老鼠赢得比赛，并被排在纪年的第一位。

为庆祝"古代文明之花"的十二生肖纪年法的诞生，千里草原一片欢腾，举国上下，臣民共庆。各种庆祝活动进行了整整40天。这一发明，很快就为邻近各部落、各汗国所接受。柯尔克孜人认为每一个人都与自己的生肖动物有着密切的关系，生肖主宰人的祸福。崇敬自己的生肖动物，就可以得其保护，否则就要受其惩罚。柯尔克孜人还认为每一个人的本命年，对本人是凶年。本命年，他们要摔碎一个碗，还要把不顺眼的东西在头顶上绕三匝后，送给别人，以求消灾免祸，逢凶化吉。

古柯尔克孜人对不同的年份有不同的解释。如他们认为牛年多战事，因为牛喜欢顶仗，鱼年多雨水，谷物牧草都会丰收，因为鱼是生活在水中的；虎年多寒冷，大河的水也有一半要结冰的，鼠年多干旱……他们根据这些不同年份特征，做出相应的准备。直到现在，柯尔克孜人除用公历纪年外，还继续使用十二生肖纪年法纪年。他们的民族传统节日——诺茹孜节，就是按这种纪年法推算的。柯尔克孜人生孩子计算年龄，也是以十二属相来计算的。甚至为新生儿起名字，也要与属相密切相关。

古往今来的柯尔克孜族乐器

柯尔克孜族的器乐文化是智慧的柯尔克孜族人传承发展起来的一个文化景观。古老的民族器乐不仅仅是一种乐器，还是当时人们在没有通信工具时期的一种信息传递的载体，是柯尔克孜族文化极为重要的组成部分。《新唐书·黠戛斯》记载，唐代柯尔克孜族人的乐器就有鼓、笛、笙、筚篥、盘铃等。流传至今的柯尔克孜民间乐器有很多，从演奏方式上分为弓弦弹拉乐器、打击乐器、吹奏乐器等。主要有“考姆孜”、“克雅克”（二弦弓弦乐器）、“乔奥尔”（竖笛）、“奥孜考姆孜”（口弦）和“苏尔奈”（唢呐）、“多兀勒”（鼓）等，其中以“考姆孜”最具代表性。

考姆孜琴

柯尔克孜族有一句谚语：“伴着你生与死的，是一把考姆孜琴。”孩子出生时，人们往往在新生儿头边放一把考姆孜琴，祝愿他长大成为一名好琴手，新生儿听到的第一个声音就是考姆孜琴声。“考姆孜”是柯尔克孜族最古老、流传最广泛的乐器。据传，“考姆孜”乃古柯尔克孜语“考吾孜”的音变，“考吾孜”的

考姆孜琴手

考姆孜琴制作

含义则为美丽的乐器。最早的"考吾孜"是用红松木做成的，它的形状与现在的"考姆孜"大体相同，即头部椭圆形，根部细而长。它既被用来演奏民间音乐，亦被用来与"多兀勒巴斯"鼓一起演奏战争进行曲，以鼓舞士气。后来出现的"考吾孜"是木制的，上面安四根铁弦。据民间传说，跟随成吉思汗西征的柯尔克孜族人把这种"考吾孜"传到了西达克山、克什米尔、中亚、波斯、阿拉伯等地。

相传，考姆孜是一个猎户康巴尔坎发明的，他被称为柯尔克孜族"音乐之父"。

康巴尔坎懂得很多鸟和野兽的语言，都说康巴尔坎从未杀害过鸟类，他认为鸟是神圣的，并且最喜欢听鸟儿歌唱。有一次，他在树林中狩猎，听到了从未听过的音乐，他被这音乐深深迷住了，如果不弄清楚这些声音的来源，他甚至无法继续前行。他在想，也许是不知名的鸟类的叫声，他开始吹口哨，想惊飞鸟儿，当他爬到传出美妙声音的树的高处，看见两棵相邻大树的树枝被风干的松鼠肠子连在了一起。那个美妙的声音就是微风吹在那根被风干的肠子上而发出的。康巴尔坎取下肠子，并从那棵挂着它的树上取材做了乐器，形状像柯尔克孜人装马奶酒的皮酒囊。他装好第一根琴弦，听到了在树林中让他震惊的熟悉声音，第二根弦发出的声音比较柔和，第三根更柔和、悠扬，像三匹赛马的马蹄声。

考姆孜有许多传统曲目，较著名的独奏曲有《康巴尔汗》

《夜莺曲》《愿望》《纳斯卡特》《库尔满别克》等。分为大曲、小曲等不同的种类。有一首考姆孜弹奏曲《走吧，布卡》的诞生历史是很有意思的，曲名含义深刻。

知识链接 **《走吧，布卡》** 柯尔克孜族著名的考姆孜琴弹奏曲。此曲的产生有很多种传说。其中之一说此曲是先辈们对蒙古侵略者的祈求。布卡是蒙古汗王。在一次狩猎中，他的儿子意外夭折。人们因为害怕受到主人的严厉惩罚而不敢将这个消息向上通报。但消息总要上报。于是，一位考姆孜琴手以弹奏悲伤的旋律，将不幸的消息传达给布卡汗王。布卡最终明白曲目的含义，暴怒之下，下令将烧化的铅倒入演奏者的眼睛。据说，从此以后考姆孜琴琴箱中间出现一个圆孔，使它的声音更加强烈。当时演奏的曲目也以《凯特布卡》之名传播开来，双目失明的演奏者活了下来，四处游走演奏自己的音乐。

柯尔克孜族马鞍及考姆孜琴

考姆孜琴是柯尔克孜族祖先的灵魂，是整个民族的精神财富，不仅陶冶人们的情操，并把人们紧密地团结在一起。考姆孜琴的旋律在困难的时期使人们更加有凝聚力，是战斗的号角。考姆孜琴演奏者一直最受人尊敬。在他们的手里，考姆孜琴仿佛已不再是乐器，忽而被置放在腿上，忽而被搁在肩上，忽而放到头后，令人眼花缭乱。而考姆孜所发出的时而急如马蹄、狂风暴雨，时而缓如清风和煦、徐徐信步的声音，更让听众如享仙乐一般。只要有柯尔克孜族人的地方就有考姆孜的琴声，从古至今，没有考姆孜演奏的音乐会，就不能称其为柯尔克孜族的音乐会。没有考姆孜演奏的婚礼，就称不上是柯尔克孜族的婚礼。

“克雅克”

“克雅克”为弓弦乐器，是一种二弦拉琴，民间流传的“克雅克”琴颈较短，上窄下宽，正面为指板，不设品位。共鸣箱呈匙形，上部较宽，内腔外露，下部蒙以骆驼羔皮或羊皮，皮面上置有琴马，张两束马尾弦。演奏时，将琴箱夹于两膝间，左手持琴按弦，右手执马尾弓在弦外拉奏。它音量小、音色沉稳柔和，富有浓郁的民族风格。四度定弦（外弦A、内弦E）一般只用来伴奏，演奏的乐曲是二声部的，有合奏也有独奏。较著名的乐曲有《仙女（斐尔扎特）》《白额枣骝马（波孜交尔呙）》《乌拉尔（雪鸡）》等。

克雅克

口弦琴奥孜考姆孜

“乔奥尔”

“乔奥尔”也叫竖笛或牧笛，系四眼竖吹木笛，有吹嘴。也有的用鹰或鹫的腿骨制成，故也有叫鹰笛的。常见的牧笛长约25厘米，有3—6个音孔，发音尖而细，音色明亮。这种乐器一般是牧羊少年吹奏的，它既是乐器，又是牧羊者在深山密林中相互呼应、互相联系的一种工具。

“奥孜考姆孜”

“奥孜考姆孜”是同时用嘴吹和用手指弹奏而得名。说它是口琴却没有琴箱，说它是口弦却没有弦，琴上只有一个小小的钢片用来弹奏。这种乐器只有柳叶大小。演奏时，琴头放入嘴里，抵于门齿

口弦弹奏

之间，用食指弹奏钢片，并同时在口腔内呼吸运气进行吹奏。在弹奏和呼吸之间奏出婉转美妙的乐曲，因此被称为柯尔克孜族的“美妙之口”。

丰富多彩的民间竞技游戏

柯尔克孜族民间竞技和民间游戏有50种以上。根据其基本形式和作用，分为三种类型：体育竞技型，智力型，娱乐型。另外，根据参加游戏人员的年龄，可分为老年游戏、青年游戏和儿童游戏。根据有无马匹参加，又可分为马背游戏、徒步游戏等等。在柯尔克孜族的马背竞技中，“跑马赛”“走马赛”“马背角力”“叼羊”“飞马拾物”“射箭”等充满挑战，起源于古代草原战争的以智慧、勇气和力量进行较量的民间竞技也独具特色。

摔跤

柯尔克孜族民间竞技和游戏结合，寓教于乐的民间竞技活动丰富多彩。作为草原民族，马背游戏占据主导地位，但是其他的也具有各自的独特性。比如，“攻皇宫”“赛骆驼”“摔跤”“荡秋千”“九子棋”等在民间最为普遍，也最具民族特色。

赛骆驼

赛骆驼是柯尔克孜族古老的民间体育项目。早在唐代，柯尔克孜人赛骆驼、赛马及马术等民间活动就极为兴盛。《新唐书·黠戛斯》称唐代黠戛斯人的游戏有马技、弄骆驼等。弄骆驼就是今日之赛骆驼。赛骆驼规模不一，少的三五峰，多的上百峰，通常也为几十峰。骑手多为青少年男女。参赛的骆驼头挂彩绸，身披艳丽的驼衣。骑手多穿紧身衣裤，以红、绿、蓝或黑色为主，色彩鲜艳。赛骆驼多为长距离，一般在千米以上，长者可达万米。柯尔克孜族的赛骆驼曾几次作为表演项目，参加新疆维吾尔自治区少数民族传统体育运动会。

“牛式拔河”

柯尔克孜族民间体育活动。柯尔克孜语称“阔力布卡”，在牧区常见。玩法是：两人用一根长约4米的牛毛绳，两头结死，从两腿中间拉过胯再套在两人的脖子上，然后两人趴在地上头向外，手、脚着地，两边各有终点。当主持人开始发口令时，两人手脚并用，脖颈用力拉，哪方先拉到终点为赢。

“荡秋千”

柯尔克孜族的传统游戏之一，特别为妇女所喜欢。柯尔克孜语中，被称为“阿勒特巴坎”，即六根树干支起来的意思。也就是说秋千架通常是用六根树干，并用马鬃或麻等拧成的粗绳作为荡绳搭建起来的。据史料记载，早在春秋战国时期，中国北方民

荡秋千

族就有荡秋千的习惯。在柯尔克孜族民间流传一种说法，认为荡秋千能消灾免祸，男孩子、女孩子荡了秋千长身体，老年人荡秋千延年益寿。柯尔克孜族秋千分单人、双人和多人几种。

“九子棋”

“九子棋”，在柯尔克孜族语中称为“拓谷孜阔尔呙勒”，是柯尔克孜族独有的一种古老而优雅的智力游戏。它起源于古代迁徙的习俗和规则，并逐渐得到发展和完善。它主要由一块10厘米厚、80厘米长、30厘米宽的长方形松木板制成。平整的松木板正面挖出18个大小一致的一圈圆形槽坑以及中间的两个稍大的槽坑作为棋盘。一圈18个槽坑被称为“乌依（房子）”，而且每一“乌依”还有不同的名称和功能。中间两个大槽坑被称为“卡赞（锅）”。

两位对弈者每人各占有9个“乌依”和1个“卡赞”，每人手中各有81个羊粪蛋或者是类似的黑色小鹅卵石作为棋子开始对弈。游戏开始时，每人要先在属于自己的槽坑中分别放入9枚子，并用藏石子的方式确定开棋者。开棋者自己选择从属于自己的某一个槽中拿出8枚棋子，并从右边开始按顺序在每一个槽中放入一枚棋子。如果对方槽中的棋子成为双数，则槽中的棋子全部属于对方，而被放入属于对方的“卡赞”中保存。如果自己槽中的棋子成为双数则不放入“卡赞”，而是依然留在原先的“乌依”中保存。只有4个以上的双数才会被放入“卡赞”中。单数

九子棋游戏

棋子只有在以下两种情况下才会被放入“卡赞”中，即上盘棋手的“乌依”中本来有两个棋子，而自己又按顺序不得不放入另一个棋子，使槽中的棋子数成为3枚时，对手便可以拿出其中的棋子放入自己的“卡赞”中，并规定这个“卡赞”已经被自己拥有，以后无论谁按顺序往其中放入棋子，都会被他收入囊中。

这个游戏是一个智力和考察算数能力以及人们的记忆力和脑子反应灵敏度的比拼，其复杂程度不亚于国际象棋。它属于一种益智游戏，主要是在老年人之间盛行。

马背竞技——勇敢者的游戏

马背竞技是柯尔克孜族民间竞技游戏中最惊心动魄，紧张刺激，也最具挑战性的勇敢者的游戏。马背游戏种类很多，但赛马、叼羊、马上角力、飞马拾物等是其中最普遍的。

赛马

赛马是柯尔克孜族最常见的一种竞技活动，也是最精彩的游戏活动。一般分为赛跑马和赛走马两种。举行比赛时，马鬃和马尾都要用各种颜色的丝绸和布条打扮装饰起来。参加赛马的骑手穿上鲜艳的节日盛装，头上缠起红布。一声令下，马儿飞奔，远远看去像一道闪电。赛程一般长达5～10公里，有些甚至达20公里。比赛之前需要选出几位裁判主持整个比赛。骑手们根据裁判发令，跃马奔腾冲向终点。途中，骑手们一边催马飞奔，一边擦拭马眼帘周围的汗水，因为汗水流入马眼就会减缓赛马的速度。当骑手们到达终点时，四周的观众欢呼雀跃，呐喊助威，气氛异常热烈，整个赛场一片欢腾。走马

草原赛马

比赛的规则要求参赛马匹只能一路平稳地走向终点，不能跑跳。比赛不仅看骏马的走路速度，还要看其平稳度。

叼羊

叼羊，是柯尔克孜族青壮年最喜爱的一项体育活动。它既是力的较量，又是智慧的竞争。既比勇敢，又赛骑术，更是对牧民驯马技术高低的一次检阅。

叼羊开始时，裁判把参加比赛的骑手分成两组，每组少则六七人，多则二三十人。然后把一只羊割去头，取掉内脏，放在赛场草坪中央。当口令一响，参赛者就像离弦的箭一样扑向那只羊。其中一位眼疾手快，首先把羊抢到手策马飞奔而去。其他的骑手们哪里肯饶，有的倒挂马背，有的镫里藏身，有的则忽而倒在马背左侧，忽而贴在马背右边，争夺羊只。在激烈角逐中，谁马上功夫最好，谁就把羊只抢回来，放在马鞍前，双腿一夹，飞奔而走。时而向南，时而向北，忽东忽西，在规定的草场范围内

叼羊

驰骋，设法甩掉“敌人”的追击。“敌方”则把他当作众矢之的，穷追不舍。围观的群众摇鞭呐喊，给自己一方的骑手助威，场面热烈，扣人心弦。最后，抢到羊只的骑手稳稳抓住不放，机智地冲破重围，冲到规定的场地或者某家门前扔下羊只，大获全胜。胜者得奖，负者要宰羊请客。

马上角力

马上角力是柯尔克孜族的一种群众性竞技活动。参加此项活动不受年龄和性别限制。马上角力是显示骑技和勇敢的一种对抗性体育活动，要求人力和马力的恰当配合，其方式一般为两人对赛，力图将对方拉下马来，斗智斗勇，险情迭起。

比赛开始，入场，围观者呐喊助威，选手们在马上相互俯首点头问候。然后勒转马头，像两头誓不两立的雄狮，嘴叼着马鞭飞速向对方冲来。用一只手紧紧抓住对方的手腕，猛地拉向自己一边。当角力进入高潮时，双方的头甚至偏到马镫两侧，选手和马匹都气喘吁吁，汗流满面。谁能在这场角力中把对方拉下马并使其落地，就算胜利。比赛时，不能抓对方的头、脖子、腰腿等，也不能抓对方的马勒和其他部位，更不能在角力中甩手逃跑或用其他形式侮辱对方。角力结束后，胜负双方下马相互鞠躬或拥抱以示祝贺。

马上角力

“飞马拾物”

“飞马拾物”也是柯尔克孜地区比较流行的传统游戏项目之一。比赛的时候，在赛场上挖一个小坑，把一枚银币或花朵等物品放在坑内。选手骑马站在离小坑约100米以外的地方。当口令下达后，选手策马向小坑冲去，从飞奔的马背上俯身拾取坑内的物品。比赛要求一次成功，不能减慢马的速度，不能拖延时间，不能改变规定的距离，更不能从马上摔下来。若从马上摔下来，还允许再重拾一次。飞马拾元宝的活动，是检验一个骑手的骑术和勇敢的体育活动。

追姑娘

英勇善骑的勇士、马上竞技的高手，是柯尔克孜人崇拜和尊敬的对象，同时也是柯尔克孜姑娘择偶的首选、追逐的目标。“追姑娘”的游戏是首先在绿草如茵的草原上确定起点和终点，姑娘和小伙子成双成对骑着马从起点出发驰向终点。姑娘骑马在前面跑，小伙子骑马在后面追。如果在到达终点前，小伙子追上并超过姑娘到达约定地点，这样的小伙子自然就是姑娘的对象。如果情况相反，姑娘先到达约定地点，那小伙子就会知趣地远远躲开，再去练自己的技艺。小伙子追上了姑娘后，一般与女方并肩而行，倾吐真情，初定终身，然后再请媒人正式提亲。追姑娘的游戏就成了他们幸福未来的见证。

古老的奥尔多游戏——“攻占皇宫”

“攻占皇宫”是柯尔克孜人的古老游戏。这种游戏一般在一块面积不大的平地上举行。赛前把选手分成5～10人数相等的两组，并指定一位对游戏娴熟、办事公正的人做裁判。然后，在平地上画出一块直径为10米左右的圆圈。在圆圈正中挖一个浅浅的小坑作为皇宫。在坑内放一枚银圆作为皇帝。然后将30～50只羊

攻占皇宫

拐骨（羊髀石）摆放在其周围，作为守卫皇宫的卫士。比赛裁判用银圆正反面来决定双方谁先打。

比赛开始，每位选手站在圆圈周围的固定位置分别依次用牛角制作的方板（巴巴拉克）将小坑周围的羊拐骨一一打到圈外，表示消灭卫士。如果一个选手打出一个羊拐骨，则还可以连打第二次；如果打出第二个，还可以连打第三次；这样直到将羊拐骨全部打出为止。如果打出了一个拐骨，而他的巴巴拉克落在离另一个拐骨20厘米以内的地方，选手可以进入圆圈内，一腿跪在地上，一手轻轻捡起巴巴拉克，一个一个地去打近处的羊拐骨。如果这个选手在打一个羊拐骨时，碰上了另一个羊拐骨或者随便改变已经固定好的姿势，则取消连打的资格，由第二组选手上场。但是在这种情况下只能打一次。如果有选手在圈内打羊拐骨时，与他同一组的选手不慎踩踏画线，要罚他停打一次，如果连续踩踏三次，就取消参加比赛的资格。当羊拐骨全部被打出去之后，双方就开始全力以赴打坑内银圆，即开始擒拿“国王”。决定

染成色的羊髀石

双方胜利的标准是打出圈外的羊拐骨数量。如果某一方打出去一半数量的羊拐骨，并且先将银圆打出圈外即为胜。这样，“皇宫”周围的“卫士”全被消灭，“皇宫”被攻占，“皇帝”被擒拿，整个比赛便告结束。如果只是擒拿了“国王”，而打出圈外的羊拐骨数量不过半数，那只能算平局。这个游戏没有时间限定，只按成果定输赢。

相传“攻占皇宫”的游戏也是有来头的，是按英雄玛纳斯布兵摆阵、战胜敌人的事迹和战争规则而设定。

知识链接 据说英雄玛纳斯率兵攻城，但敌人守城非常严密，久攻不下。在焦急中，玛纳斯心生一计，并开始向下属军官布置作战计划。为了把自己的计划布置得更加具体，他在餐布上放上一枚银币作为敌人的汗王，并在银币周围摆上很多羊髀石作为皇城守卫，然后拿起一个牛拐骨作为自己攻城的士兵。就这样一攻一守，一来一往，反复琢磨演练，在众将军的参谋下，一套完整的攻城方案被制订出来。各级军官士兵反复训练，最终取得了攻城战役的胜利。

为了纪念这次胜利，古代柯尔克孜族就模仿这次作战的演练，并逐步完善之后创造了“攻占皇宫”的游戏，之后又逐步得到完善并流传至今。

柯尔克孜族神话

神话是柯尔克孜族民间文学中最古老的一个类别。神话的形成与远古人民生产和生活有着密不可分的联系。柯尔克孜族先民曾以游牧、狩猎方式生活在崇山峻岭之间。茂密的森林、众多的飞禽走兽、旭日皓月以及充满神秘色彩的星空，引发了柯尔克孜族先民丰富的想象力，他们对于种种自然现象有着独特的联想与解释，编织出了很多别具一格的神话。这些神话向人们展示出柯尔克孜族先民的宇宙观、原始哲学观和自然崇拜、图腾崇拜、英雄崇拜及万物有灵论的观念。

神话类型

柯尔克孜族的神话大致分为创世神话、自然神话、族源及图腾祖先神话、动植物来源的神话、英雄神话等。柯尔克孜族

▲ 美丽的柯尔克孜草原

的创世神话和自然神话内容十分丰富，从日月星辰的产生到四季的变化，从人类的产生到再生，从自然界的各种变异到动植物的生成等。青牛用角支撑大地的神话是一个流传广泛的古老神话。

柯尔克孜族关于月亮中的巫婆的神话，讲述了一个巫婆本来生活在世间，由于她贪婪地每天吃一个活人，而被月神责令数一麻袋沙粒，当她要数清时又往往被燕子弄乱使她永远数不清。因此便永远蹲在月宫中而无法下到人间作恶。关于北斗星的产生，在柯尔克孜族中也有生动的描述。据说天神有两匹神骏，一匹是黄膘马、一匹是海青马，两匹马均拴在金橛子上，有七个看守日夜守候在金橛子旁。天长日久，这七个看守变成了七颗星星，人称北斗星。关于北斗星还有另一个神话。说有七个贼看上天神拴在金橛子上的神骏，于是便上来盗马。神骏围着金橛子转，七个盗贼围着金橛子追，最后便成了北斗七星。

除了上述各类天、地、日、月、星的神话外，柯尔克孜族还有很多与自然神有关的神话。比如雷神、雪神、冬神、风神、山神、水神、火神等。

雷神发怒时天上响起轰鸣声，挥动金剑砍杀人间恶魔。闪电击中之处就是妖魔栖身之所。雪神叫“阿克阿塔”，是一位深受人们喜爱的神。在早春时节如果他变成白雪降临人间，便会五谷丰登、牧草茂盛、牲畜肥壮、人丁兴旺。因此，柯尔克孜人普遍希望春天降雪。冬神被称为“奇勒黛阿塔”，他从天而降带着四十个女儿和四十个男孩儿以及九种寒冻，并每天派出一个子女到大地使大地变冷。当子女们轮流完成使命后他便亲自上阵在大地上煮吃自己带来的九种严寒。这样大地上就出现九十天的严冬季节，他脸上落满厚厚的冰霜，胡须上结满冰凌。他用雪点火、用冰架锅使大地变冷，最后独身一人变成一股气回到天上。风神名叫“阔依卡普”，他居住在无底的黑洞里，偶尔出来就会使人间刮起大风。

柯尔克孜族自古信萨满教，认为万物有灵有主。每一个动物都有各自的保护神。飞禽之神是布达依克，猎犬神是库玛依克，骆驼神是奥依索勒阿塔，马神为康巴尔阿塔，牛神为乌依桑巴巴，绵羊神是巧力潘阿塔，山羊神是奇美阿塔等。

族源神话是柯尔克孜族神话中十分重要的一个内容，与远古的图腾崇拜有着极为密切的联系。柯尔克孜族的很多部落都以图腾崇拜物来命名。比如因母鹿救助而繁衍的“布谷”（鹿）部落，以吮吸母狼的乳汁存活后繁衍下来的“卡巴”（狼）部落，还有与鹿、鹰等有关的“琼巴额西”“萨热巴额西”“交茹”等等。在很多史籍中也记载了柯尔克孜族祖先与狼、鹿、牛等相关的神话。

柯尔克孜族的英雄神话可以说是其神话体系中最发达、最生动的一个内容。英雄神话具有奇妙的幻想色彩，内容极为生动，成为柯尔克孜族史诗、叙事长诗及民间故事、传说中有机组成部分。《玛纳斯》史诗及其他许多史诗和民间叙事长诗中出现的能够上天入地的英雄及其坐骑，与英雄对杀的独腿巨人、七头妖魔、身体硕大的巨人、怪兽、佑护英雄出征的神奇动物以及英雄所使用的神奇武器和其他各类神物，都具有鲜明的神话色彩，保存了大量古代神话的情节、母题等元素。民间口头史诗中所描述的能够使人返老还童、死而复生的神草、神水、神药、神苹果等大量的神物也都反映了柯尔克孜族古老的神话思维和哲学思想。柯尔克孜族英雄神话不仅融入各类大型民间口头文学作品中，而且还发展成了神话史诗的类型。比如著名的《艾尔托什吐克》《阔交加什》《布达依克》等都是典型而生动的神话英雄史诗。

神话中的神灵与形象

柯尔克孜族的主要神灵及神话形象有："腾格里""冬神奇勒黛阿塔""雪神""雷神""风神""阿达姆阿塔""努赫""乌麦""朵特""巴巴德依罕""康巴尔阿塔""牛神乌桑巴巴（或乌桑戈巴巴）""巧勒潘阿塔""山羊神奇羌阿塔""奥依索勒阿塔""苏尔艾奇科""布达依克""库玛依克""夏伊灭尔丹""苏莱曼""布古耶涅"等等。

柯尔克孜族把"腾格里"视作万物之主，认为腾格里生活在蓝天上，从那里给大地降福，保护人类和自然免受灾难和痛苦，给世间苍生赐予幸福。在柯尔克孜族的认识中，腾格里这个概念包括三层含义：第一是人们能够直接看到的蓝天；第二是造物主的形象；第三是祖先，统治世间一切的神。

"冬神"，柯尔克孜语称"奇勒黛阿塔"。他从天而降，带着他的八十个儿女及九种寒冻。他每天轮流让一个儿女向地面发出严寒，自己也会有九种寒冻。这就是每年冬天的90天严寒。他前额落满白霜，胡须结满冰凌。他用雪点火，用冰架锅。90天过后，冬神"奇勒黛阿塔"便会变成气体带着儿女们返回天上，大地才会春暖花开。

"雪神"，柯尔克孜语称"阿克阿塔"或"阿亚孜阿塔"。他体大无比，专司降雪，在春天来临之前变成白雪从天而降。凡是有他降临的地方和年份，大地上总会五谷丰登，草木旺盛，牲畜肥壮。在干旱年份，他会按照人们的祈愿来到人间，因此，每当有干旱年份时，严寒过后，人们总是要祈求"阿亚孜阿塔"降临，给人们带来富裕、幸福。

雷神和闪电神是一对兄弟。每当雨神下凡，他们都会为其呐喊助威。雷神怒吼，闪电神用金剑砍杀人间的妖魔。每年第一次春雷响起，人们总要兴高采烈地大声喊："大地裂开草木盛，乳房裂开奶汁流！"敲着锅碗瓢盆等器皿，绕着毡房奔跑不止，以此来祈求雷神和闪电神佑助雨神光临大地，为人们带来牧草繁盛、奶食丰足的新年。

“风神”，柯尔克孜语称“阔依卡普”。他住在人迹罕至的崇山峻岭之中深不见底的黑暗洞穴里，神力极大。如果他生气，便会打开风口吹气。这时，大地便会狂风大作，横扫一切，给人们带来灾难。

“阿达姆阿塔”，柯尔克孜语音译，是人类最初的先祖，是造物主所创造的第一个人类，为男性。由于“阿达姆阿塔”甚感孤独，于是造物主就用其左边的肋条骨创造了人类第一个母亲“阿瓦耶涅”。他们最初一起生活在天堂。受魔鬼“夏依坦”诱惑而违反了禁忌，偷吃禁食被逐出天堂，来到人间繁衍了人类。

“努赫”，柯尔克孜语音译，是人类大洪水之后的再生祖先。人们受魔鬼“夏依坦”诱惑使罪恶四处蔓延充盈人间。造物主引来洪水惩罚人类。大洪水来临之际，救世主建造了一艘四方形大木船把努赫及其三个儿子萨姆、卡姆、迦帕斯以及三个儿媳妇送到船上。大洪水之后，努赫的三个儿子开垦土地，种植庄稼，重新繁衍人类。

“朵特”，柯尔克孜语音译，是所有手工艺匠人的佑护神。人们认为工匠们的手艺均源于“朵特”神。传说朵特与隼鹰比试本领，隼鹰用铁一样坚硬的爪子踢碎高速转动的磨盘，但还没等它转过头来，朵特就把磨盘重新修复，使磨盘重新转动起来。隼鹰反复输给朵特匠人之后，伤心至极，流下了两行热泪。从那以后，隼鹰的两个眼角上便留下了两道深色的泪痕。

“巴巴德依罕”，柯尔克孜语音译，被认为是第一个开垦土地，播种庄稼的人，他不仅教会了人们如何开垦土地，播种庄稼，而且成为司掌农业生产的神灵。“巴巴”在柯尔克孜语中是“始祖、先祖”之意，“德依罕”则是指从事农业生产的人。

“康巴尔阿塔”，柯尔克孜语音译，是柯尔克孜族信仰中的马神。据说是第一个驯养野马的牧人，也是司掌马匹命运的神灵。人们将马匹的繁衍都寄托在他的身上。

“牛神乌桑巴巴（或乌桑戈巴巴）”，柯尔克孜语音译，为柯尔克孜族民间信仰中的牛神。司掌牛的命运。牛的繁衍兴旺都由他来司控，因此他与人们的生活有着十分密切的联系。

“巧勒潘阿塔”，柯尔克孜语音译，绵羊神。世间所有的绵羊都在其掌控之下，人们要想食物丰盛，必须时时向他祈祷，求得他的恩赐。

“山羊神奇羌阿塔”，柯尔克孜语音译，意为“山羊神”。据说山羊都是他的后裔并由他来掌控其命运。

“奥依索勒阿塔”，柯尔克孜语音译，意为“骆驼神”。在众多的动物神灵中骆驼神“奥依索勒阿塔”尤其引人瞩目。古代柯尔克孜族不仅将其视为“荒漠之舟”加以珍视，而且其外形也给人神秘高贵的感觉。

“苏尔艾奇科”，柯尔克孜语音译，意为“灰色母野山羊神”。传说中的野生动物保护神。史诗《阔交加什》中就描述英雄主人公同野山羊神斗智斗勇，最终遭到野山羊神诅咒，困在悬崖上冻饿而死的悲剧故事。

“布达依克”，柯尔克孜语音译，被认为是万禽之神。他身体硕大，具有无限的神力，不仅能够帮助猎人获得猎物，而且也会惩罚人类。在许多史诗作品中都有生动的描述。

“库玛依克”，柯尔克孜语音译，意为“猎犬神”。认为他是最凶猛的神鹰的后代转变而成，是狩猎时代与猎鹰一同成为猎人最得力的助手。

“夏伊灭尔丹”，柯尔克孜语音译，意为“力神”。传说他是世间力气最大的神灵，掌握着力量的秘密。他可以给英雄赋予战胜困难和强敌的勇气，也可以将其剥夺。得到神话史诗人物的极力崇拜。

“苏莱曼”，柯尔克孜语音译，意为“水神”。他司掌泉眼、河流的命运。可以给人类带来福泽，也可以给人类带来灾难。每当春季来临，柯尔克孜族人都要到河边、泉眼边宰杀牲畜，挖灶架锅进行祭祀活动。希望苏莱曼在新年里赐予丰足的水，使草原上人丁兴旺。

知识链接 **长角鹿妈妈** “布古耶涅”，柯尔克孜语音译，又称“姆玉孜杜耶涅”，意为“长角鹿妈妈”。来源于“布谷（鹿）”部落产生的图腾神话。人们敬重长角鹿妈妈，向她杀牲敬拜。如“布谷（鹿）”部落的成员亡故，要在其坟墓上立一根鹿角，求得灵魂安息。鹿图腾是整个部落团结统一的象征。神话中，长角鹿妈妈是一个半人半神的形象，与部落的命运紧密相关。柯尔克孜族中与鹿相关的还有“巴格西”（麋鹿）、“撒热巴格西（黄色麋鹿）”等部落。

内容丰富的民歌海洋

在柯尔克孜语中，民歌被统称为“Ir”（额尔），韵律鲜明、节奏明快，具有抑扬顿挫、起伏多变的音调，是柯尔克孜族韵文体口头传统中最古老的口头艺术表演形式。

库姆兹弹唱

绝大多数民歌都有特定的声调、韵律和歌词，但也有一些民歌虽然具有固定的音调和旋律，但歌词却在一定程度上可以转换，是由歌手们在传统结构框架之内，凭借传统的音调、旋律，借景生情、即兴发挥，在表演过程中创作完成的。

柯尔克孜族民歌的诗行通常由七八个音节组成。这种音节构成便于歌手演唱和记忆，也便于在听众中广泛流传。这些民歌结构自由，韵律富于变化，押韵复杂，大多数古老的民歌没有特别严格的篇幅规模限制，给歌手留有比较宽松的口头表演和在表演当中进行创作的空间，使歌手可以毫无约束地大胆发挥自己的创作才能。但也有很大部分民歌，尤其是数量繁多的情歌，基本上按照比较规范的格式、曲调进行演唱，歌词则可以有所改变。

对于柯尔克孜人来说，民歌伴随着每一个人走过人生的每一个阶段。柯尔克孜人在歌声中诞生并在歌声中走向生命的终点。比如，小孩出生以前，无子的父母要面对上苍求子时唱求子歌，新生儿来到人间则有起名歌，还有摇床歌、喂食歌、学步歌等。到了花季有情歌、婚礼歌、劝嫁歌、送嫁歌等。人死后，死者的亲人唱哭丧歌（挽歌）为死者送行。柯尔克孜族的大部分民歌与人生礼仪和人们的生活习俗有密切关系，同民间习俗和仪式融为一体，成为仪式活动中不可缺少的组成部分，比如与婚俗相关的民歌有订亲歌、劝嫁歌、祝福歌、见面歌、送别歌、婚礼游戏歌等等。

从内容上，柯尔克孜族的民歌主要分为劳动歌、仪式歌、情歌、生活歌、动物歌、历史传说歌、怨歌、游戏歌、儿歌、阿肯对唱等。

柯尔克孜族民歌毕竟是这个民族长期积累沉淀的产物，因此它具有自己独特的发展规律和类别特点。比如，属于柯尔克孜族独有，在民间流传广泛，影响深远，最具有民族特色的民歌类别有反映原始游牧生活的守圈歌“别克别凯 bekbekey”和牧马歌“西热勒当 xirildang”；反映农业生产活动的播种歌“切奇阔尔 qeqkor”和打场歌“奥普玛依达 opmayda”；与宗教仪式相关的“加热玛赞 jaramazan”；与婚丧仪式相关的“阔肖克 koxok”；与缝衣织补擀制花毡相关的“托尼奇克 tonquk”、赶毡歌；与古老的萨满文化相关的求雨歌“达木布尔塔西 dambirtax”、用于治疗病人的“巴迪克 badik”“古尔杜 kürdü”“库拉普珊 kulapxan”以及用于占卜的“托勒呙 tölgö”等等。

在表演形式上，柯尔克孜族民歌主要以歌手面对听众进行演唱为主，但两人对唱或多人参与对唱等也是其十分古老的表演形式。

对唱在柯尔克孜族中分为仪式歌对唱和阿肯对唱两种形式。“别克别凯”等很多古老的民歌都是在表演者的轮流对唱中创作完成的。仪式歌对唱主要有为了治病的需要而在两个巫师之间进行的“巴迪克对唱”，为了展示歌手的语言表达能力、表达青年男女心声而进行的“卡依木 kayim”“萨尔灭尔丹 sarmerdan”等类型繁多的对唱形式。这些民歌对唱有些是男女同台对歌，有些则是巫师以及人们口头艺术才能的体现。阿肯对唱主要有极富挑战性且充满哲理的“阿勒木萨巴克 alimsabak”，探询对方智慧具有猜谜性质的“塔布西玛克 tabixmak”，具有争论讽刺性质的“阔尔多 kordoo”，具有赞歌性质的“玛克多 maktoo”以及两人见面问候时的对唱等多种形式。上述两种对唱形式，虽然各自有不同的起源、表演内容和性质、目的及社会功能，但在一些场合，它们常常是被表演者们融合在一起加以展示，具有很大的兼容性。从其产生和发展历程方面讲，阿肯对唱可以说与柯尔克孜族的各种民俗民风结合在一起，广泛反映社会生活，在民间口头艺人的反复表演当中得到长足发展，并达到了很高的水平。

随着社会的发展和人们生活的改善，这种对唱传统逐渐吸收新内容新思想，使其始终不脱离社会发展的轨迹和步伐。天才的民间歌手们把社会发展过程中的各种新鲜事物、先进思想融入其中，突出讽刺社会不良现象，歌颂社会新生活、新气象的内容，提高了娱乐性、教育性等功能。

口传史诗的魅力

柯尔克孜族民间文学作品具有鲜明的爱憎情感，充满英雄主义气概，塑造出一批面对强敌敢于挺身而出、与之斗争、为民除害的英雄形象：为保家卫民而与外敌斗争一生的玛纳斯英雄；战胜九头女妖的托什吐克英雄；在与入侵者搏斗时倒在血泊中的库尔曼别克英雄；为保卫部落民众与各种邪恶势力进行顽强斗争的巾帼豪杰江额勒木尔扎，以及为捍卫祖国统一而光荣牺牲的英雄玛玛克与绍波克兄弟。在柯尔克孜民间文学中，类似的英雄人物数量很多、不胜枚举。这些英雄人物为保卫部落民众的安全，为捍卫民族的独立，为维护祖国的统一，英勇奋战，不惜献出自己的鲜血和生命。柯尔克孜人民群众尊敬、爱戴、崇拜这些英雄，把他们的事迹编成史诗、叙事诗演唱，编成传说、民间故事讲述。他们用这些英雄的事迹鼓舞、教育一代又一代的柯尔克孜人。

歌颂英雄业绩的英雄史诗及其他洋溢着强烈的英雄主义精神的口头文学作品，在柯尔克孜族民间文学中占有相当重要的地位。这也是柯尔克孜族民间文学比较显著的特点之一。

历史的回忆——散吉拉

“散吉拉”是柯尔克孜族民间口头文学的一个种类，是柯尔克孜族口头传统文学的一个重要组成部分。它以柯尔克孜民族、部落、氏族谱系为脉络，以韵散结合的说唱形式讲述民族的起源，部落的产生、划分、发展、分布及交往，各部落首领及部族中著名英雄人物的事迹，民族的风俗习惯、民间信仰和习惯法，本民族传统的古代民间历法和天文知识，同时还将柯尔克孜族神话传说包容其中，形成了既有口头文学欣赏性又有历史真实性，独特的综合性的民间口头作品。

散吉拉以口头形式在民间一代一代地流传和保存，它不仅是柯尔克孜无文字时代的重要口碑史料，而且是民俗文化和民间文学的重要载体。在古代每一个部落都有自己固定的散吉拉和专门讲述散吉拉的民间艺人“散吉拉奇”。不同部落的“散吉拉奇”在讲述部落谱系时总是要或多或少地突出本部落英雄人物或首领在整个部族历史上的作用，设法提高自己部落在民众中的影响和地位，有一定的倾向性。

散吉拉以口头叙事为载体，融合了整个民族漫长的历史发展轨迹和大量的民间知识，因此其内容庞杂而丰富，要从头至尾地讲述整个民族的散吉拉需要几天几夜。散吉拉的讲述活动在历史上曾经与史诗演唱活动共同成为柯尔克孜族最主要的两种口头创作形式和文化娱乐活动，即使是今天还有很多职业的“散吉拉奇”活跃于民间。20世纪著名的“散吉拉奇”有奥斯莫纳勒·斯德克（1877—1940）、素勒坦阿勒·布尔伯多依（1902—1994）、玉塞音·阿吉（1919—2006）、居素普·玛玛依（1918—2013）、托勒克·列列汗（1930— ）等。

柯尔克孜族的散吉拉作为一种口头传统文学，在柯尔克孜族的生活中曾起过极为重要的作用，它不仅是民族历史信息和民间知识的承载者，而且也是民间娱乐的主要形式之一。散吉拉奇不仅传达祖辈的历史足迹，而且声情并茂地说唱，为听众带来知识，带来欢乐，带来先辈们的精神。由于散吉拉产生于无文字时代，所以对《玛纳斯》等宏大史诗的产生和发展亦产生过相当大的影响。比如在史诗的开头，歌手们就运用了韵文体散吉拉的表现形式。

帕米尔的绝唱——约隆歌

柯尔克孜族民歌中有一个特殊的种类，被称为“约隆”。流传于帕米尔柯尔克孜地区。“约隆”有自己独特的韵律规则和内容，一般在大型婚礼、庆典、祭典、集会时演唱。内容包括家庭状况的询问和介绍、社会风气的转换、人间的各种不公、爱情的悲剧、婚礼双方的各种情况和婚礼举办情况、新娘的嫁妆、参加婚礼的人们的情绪等都能入歌，而且要用即兴的方式进行“表演中的创作”。目前在帕米尔高原上有很多专门演唱“约隆”的“约隆奇”。它以其内容的丰富多彩、强大的艺术感染力和浓厚的历史文化底蕴丰富了柯尔克孜民间文化和文学的内容。2008年，约隆歌入选国家级非物质文化遗产名录。这是柯尔克孜族民间文学继英雄史诗《玛纳斯》之后，第二个被列入国家级非物质文化遗产名录的民间文学种类非物质文化遗产，足见其在柯尔克孜族民众中的地位。

“约隆”作为柯尔克孜族民歌的一个古老种类，内容和形式十分古老，在帕米尔柯尔克孜族中以婚礼歌谣的形式保留至今。这种民歌内容广泛，类别多样，目前已知的主要有“托依巴什塔尔约隆”（婚礼揭幕约隆）、“哈依木约隆”（对唱约隆）、“阿勒木-萨巴克约隆”（问答式约隆）、“萨纳特约隆”（劝善约隆）、“度尔若”（新婚会面歌）、“阔尔朵约隆”（讽刺约隆）、“塔碧什玛克约隆”（猜谜约隆）等。

优美独特的柯尔克孜族舞蹈

柯尔克孜族是能歌善舞的民族。他们称舞蹈为“比依”，除了具有活泼有力、节奏性强的特点外，还有十分接近生活。柯尔克孜族舞蹈内容多反映他们的牧业、农业、手工业、狩猎等生产和生活情况，反映牧业生产和生活的舞蹈较为普遍。比如骑马、放牧、狩猎、擀毡、缝毡等动作都反映其中。舞蹈特点是节奏快，尤其是舞蹈进入高潮时，呈现出热烈狂欢的气氛。伴奏的音乐也自始至终以欢快跳跃的旋律作为基调。当舞蹈节奏达到极点时，音乐突然中止，而当舞蹈快要结束时，伴奏的乐器突然一齐轰鸣，在细而悠长的乐声中结束，令人陶醉、欢快、激奋。

舞蹈的舞步比较复杂且变化多样。有碎步、移步、蹉步、跺

舞蹈

步、跳跃、腾空、转身、拉手、翻滚、上蹲、屈膝、两臂上举、手掌内外和上下快速抖动等基本动作。

柯尔克孜族舞蹈有单人舞、双人舞、集体舞、男女对舞和合舞等。柯尔克孜族舞蹈种类很多，有反映勇士生活的剑器舞，赞颂骑士生活的《喀拉卓尔果》（黑骏马舞），反映长途迁移生活的《冲阔奇》（大迁移舞）、《恩干吐耶》（母骆驼舞）、《喀冷喀尔》（稀有的雪灾舞）等，这些都是柯尔克孜族的传统舞蹈。另外，还有取材于现实生产和生活的《劳动舞》《擀毡舞》《挤奶舞》《纺线舞》；反映习俗仪式的《加尔阔鲁秀》（会面舞）、《加尔，加尔》（劝嫁舞）等等。

▲
柯尔克孜族舞蹈

新中国成立后，柯尔克孜族舞蹈艺术得到了很大提高和发展，出现了像克孜勒苏柯尔克孜族自治州文工团这样的在我国少数民族文艺界中，享有一定声誉的专业文艺团体。柯尔克孜族的舞蹈源于生活，并十分贴近社会生活，表现了他们的生产劳动和生活特点，如《姑娘的心》《接鞭舞》《买尔买克之舞》《擀毡舞》《劳动之歌》《草原上的两朵玫瑰花》《挤奶舞》等。柯尔克孜族舞蹈热情奔放，舞姿优美，风趣滑稽，具有浓郁的草原乡土气息。

歌舞源于生活，柯尔克孜族生活中的每一个场景都可以成为快乐的舞蹈元素。当节奏欢快的柯尔克孜族传统乐器考姆孜音乐响起时，一群柯尔克孜姑娘在绿茵茵的草地上跳起《酿马奶酒舞》，她们陶醉于这种幸福的生活，最终也被醇香的马奶酒醉倒，一片欢畅的笑声久久回荡在草原上空。

柯尔克孜族是一个善于吸收其他民族文化的民族，他们把传统的民族艺术赋予了强烈的时代气息。柯尔克孜族舞蹈把踢踏舞、芭蕾舞和柯尔克孜族的舞蹈糅合到一块儿，音乐欢快，节奏感强，将原始的舞蹈升华了。

第五章
多姿多彩的民族风情

无论是服饰、毡房，还是精美的日用品都不缺少来自大自然的斑斓色彩，红、蓝、白、绿、青、黄、紫衬托出柯尔克孜人对于生命的热爱和对远道而来的客人的热情和真诚。出自心灵手巧的妇女们之手的花毡、刺绣、服饰和室内装饰，不仅是最普通的日用品，同时也是最具传统特色的原创艺术品。雄鹰的矫健，骏马的飘逸，醇香的马奶，馋人的美食，成为人们的最爱，是无数游人的向往。

毡房——牧人的穹庐

柯尔克孜族的住所一般与他们的游牧和半游牧生活相适应。他们根据季节变化和农牧业生产的需要，分别居住毡房（勃孜围）、土房（塔木围）和木房（吉戛其围）。

居住在草原牧区的柯尔克孜族，毡房在生活中具有不可替代的重要作用。在柯尔克孜语中，毡房被称为“勃孜围（白房子）”，又称“克依孜围”（毡房）、“阿克围”（白毡房）、“柯尔克孜围”（柯尔克孜族毡房）。

“勃孜围”冬季暖和，夏季凉爽，不存水，不积雪，拆卸方便，易于搬迁，成为草原牧区人的理想居住方式。毡房由骨架、苫毡、芨芨草编保温层、绳带四部分构成。毡房的木头框架主要由栅栏“凯热盖”、天窗支架“乌克”、天窗“吐尼杜克”、门框“埃希克”等构成。外面的盖毡和毡壁用白色羊毛毡缝制。外层

毡房外观

毡壁和木头栅栏支架之间夹一层织有各种鲜艳民族图案的芨芨草编，用于装饰和保温。毡房外面的盖毡以及毡壁、毡门帘上亦有各种图案进行装饰。毡房的形状下半部为圆柱形，上半部为塔形。如同巍巍高山，在绿色草原上显得十分壮观。在柯尔克孜族心目中，毡房象征着生养他们的起伏绵延的山峰、白雪皑皑的高峰以及纯洁的心灵。柯尔克孜族非常忌讳用黑色或灰色等颜色的毡子制作毡房，认为不吉利。

柯尔克孜族毡房的结构，一般是由柳树、桦树、楸树等制作的栅栏、支架、天窗架、门框等组成。栅栏一般是用宽4~5厘米的若干支扁形木条组成开合自如的网状结构，是毡房的下部壁架，为整个毡房的基本构件。一顶毡房要用4~5节栅栏围成圆形。富裕家庭也有8~10节的特制毡房。这种特大毡房多用于举行喜庆仪式或氏族、部落集会等活动。毡房的支架是由100根左右下端弯曲、上端笔直的撑条椽木组成，其下端与栅栏顶部结合绑扎固定，上端则插入天窗架边框上的孔内。天窗架为直径150厘米的圆形架子，中间为用相互穿插的4条硬质木料制作的弓形窗顶。毡房的门框为长方形，高180厘米，宽80厘米。门多向东或东南开。在春秋风雨季节，在毡房的中央还立一根硬质松木制作的撑杆。柯尔克孜族将毡房的这些内部构件，染成红色并刻上月牙、花朵、鸟类、羊牛角等各种图案。

毡房天窗及骨架

毡房天窗

毡房的木料构架，用宽10—15厘米的由羊毛编织而成的栅栏

毡房内部装饰

带、支架带等绑扎固定。木支架和芨芨草帘外面围以白色围毡、篷毡等。

围毡和篷毡分为后围毡和正面围毡、前围毡或门方围毡、后篷毡或正上篷毡、前篷毡或正下篷毡等部分。围毡和篷毡边沿安有用来固定的有花纹的毛织带。另外，围毡和篷毡向外的结扎处，挂一条宽约50厘米的补花长毡条，称“阿克艾太克”。在其下沿，还系有称为“铁铁果”的类似鸡冠花的数十个红缨，装饰整个毡房。天窗顶部有一块活动的2—4米的方形补花顶毡，称为“通杜克加吾”（天窗盖毡），在夜晚或风雨天气时，把它盖在天窗上。在门框外挂有芨芨草编和补花的毡子缝制成的门帘。

柯尔克孜族毡房内部摆设，布置很有规律。地面多铺色彩鲜艳的羊毛毡花和多色花纹的毛织毯等。冬天，在毡毯和毛毯上面还铺羊皮制作的“阔力多兰”和“塔力帕克”（普通皮）。皮毯上面再铺垫褥子当座位。毡房进门右侧为储藏室，内置餐具和食品，用一块带有多色花纹和图案的芨芨草帘隔开。进门正对面放置木箱和其他笨重物品，正面叠起被褥、枕头等。木箱和叠起的被褥前面是客人的座位和睡铺。进门左后角为老人的铺位，背后栅栏上面挂有帽子和衣裳等。左下角放置马具、打猎用品和其他日用工具等。栅栏上挂有马鞭及猎物的皮等。毡房正中央是火塘，火塘上放有三脚铁架，便于取暖、做饭。

毡房是柯尔克孜族牧区必不可少的住房，历史悠久，使用方便，易于驮运搬迁。

白毡帽——雪山的象征

男人们在夏季多戴白色高顶毡帽“卡勒帕克”。这种白色毡帽一年四季都戴，是柯尔克孜族服饰上的一个标志。这种毡帽多用精选的白色羊绒擀制成毡子，然后按照一定比例将毡片裁剪出四块等腰三角形，用优质的丝绸做里子，将四片毡块拼接缝制而成，缝接处镶黑色平绒棱条。帽子的下檐翻卷起约8厘米左右的帽檐，用黑色丝绒做成表面。其样式多为四棱平顶或圆尖顶。不同的部落，有不同特征。从毡帽的差异上能够看出不同的部落和戴帽者的年龄。帕米尔地区的柯尔克孜族常戴从帽檐上前后开缝的毡帽，而天山山区的柯尔克孜族则是左右开缝或不开缝。老年人的白毡帽一般不在毡帽上绣图案，也不缀璎珞，显得庄重、朴素、大方。中年男子的毡帽顶部缀有黑色璎珞并在毡帽上绣有简洁的图案，使人显得英俊、剽悍，极能体现柯尔克孜族豪放性格。青少年男子的毡帽顶部缀有璎珞，美观精致，帽子上绣有鲜明的民族图案，显得青少年英俊、活泼，富有朝气。据《太平寰宇记》（卷一一九·黠戛斯条）和《新唐书》（卷二一七·回纥传）记载，黠戛斯人有“锐顶而卷末”的帽，即是柯尔克孜族的这种白毡帽。在《玛纳斯》史诗中描述了英雄玛纳斯的妻子卡妮凯特意为英雄及其战将设计制作白毡帽“阿克卡勒帕克”的故事。

“卡勒帕克”被认为是柯尔克孜族男子的圣帽。平时不戴时，放置高处，忌随便抛扔踢踩，否则会被老人们责骂和训斥。有贵客来临，主人向客人赠送白毡帽是一种尊贵的礼节。古代，柯尔克孜族汗王将白毡帽赠送给来朝的使臣，或派使臣向邻国友邦的汗王赠送白毡帽，以示友好。今天，柯尔克孜族人依然以赠送毡帽来表示和增强民族之间友谊和团结。无论是给什么人赠送白毡帽，都表示一种最尊贵的礼节。因为柯尔克孜族人崇尚白

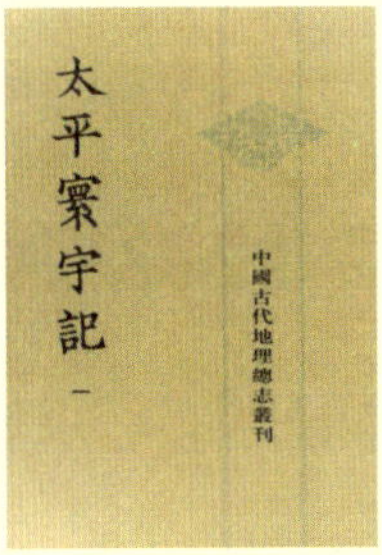

▲《太平寰宇记》书影

◀ 白毡帽“卡勒帕克”

戴毡帽的小琴手

白毡帽制作

色，以白色为尊贵、纯洁、神圣、吉祥的象征。赠送白毡帽，意味着双方友谊纯洁、高尚，祝对方吉祥如意。

这种式样独特、色泽雪白洁净的白毡帽，已成为柯尔克孜族的标志。不论在什么地方，只要看到头戴四片瓦白毡帽的人，人们自然就会想起是柯尔克孜人。

知识链接 **柯尔克孜族的崇白习俗** 柯尔克孜族自古对白色有着特殊的情感，认为白色象征着善良、富足、情感、团结、安宁、光明、纯洁、吉祥等。白色的乳汁是生命之源，白色的面粉是生命的依靠，白色的雪山用雪水养育民众，白色愿望都是美好的。从古至今，柯尔克孜族几乎所有神圣的东西都是白色的。人们居住在白色的毡房里，头戴白色毡帽；美好的祝福用“阿克提列克（白色的祝福）”；善良的人叫“阿克孔吾里（白色的心）”；福运高照叫“阿克芒岱（白额头）”；前程似锦叫“阿克交路（白色的路）”。史诗中保护英雄的骏马是白色骏马和白色雄鹰。

肉、奶为主的牧人饮食

柯尔克孜族的饮食与游牧、半游牧生活紧密地联系在一起，以肉和奶制品为主。据史书记载，古代柯尔克孜人“四季出行，惟逐水草，所食惟肉酪”，“以肉为食，牛马乳为酒”。传说柯尔克孜族英雄玛纳斯行军打仗时，其部众主要是以乳肉充军粮。柯尔克孜族以饲养的牛、羊、马、骆驼、牦牛提供生活所需的肉和乳，几乎一日三餐都离不开肉、奶、乳制品。小麦、青稞、蔬菜在他们的饮食中只是辅助食品。夏秋季，主要的饮食为鲜牛羊奶、酸马奶、酸牛羊奶、酸奶酪、奶皮子、奶油、肉食和面食。冬春季，主要饮食是牛羊肉、马肉、干酸奶酪、酥油、面食等。调味品主要是葱、蒜、孜然和食盐等。

每年从7月份开始，是柯尔克孜人由冬牧场转到凉爽的夏牧场的季节。此时的夏牧场，草茂水足，是牲畜抓膘育肥的好时候，也是牲畜产奶最多的时节，更是牧民们加工奶制品的大忙季节。

他们除了喝鲜奶之外，还将牛奶、羊奶酿成酸奶食用，并且将奶皮子搜集起来烧制融化之后做成酥油储藏，将牛羊乳酪加工成奶酪并晒成奶干，以备冬季食用。酿制的酸马奶是柯尔克孜族夏季上等饮料。柯尔克孜人在饮食中喜好食羊肉、马肉、马肠及牛肉。宰马驹招待远方的客人是最高的礼遇。除了吃肉，一年四

为客人分配肉食

季都离不开酸马奶、酸羊奶或酸牛奶、酥油、奶茶、奶酪、奶干等奶制品。喜欢在各种食物中添加酥油，以酥油冲奶茶喝或用馕夹酥油块吃。

肉食的食用方法主要有煮、烧烤、熏三种。奶类主要有羊奶、牛奶、马奶等。谷面类食物有圆饼（或称馕）、稀面条、肉片面条、乌麻什、油果、油饼、米饭等多种，其中以馕、油果最为常见。信奉伊斯兰教的柯尔克孜人，忌食猪、驴、狗、猫以及自死牲畜肉，忌食猛兽猛禽和乌鸦等飞禽，禁食动物血。

最典型的民族特色饮食有：

“肖茹帕”：即带汤的大块肉、手抓肉。做法是把肉切成大块，分肋骨、脊骨、大腿、小腿、肩胛骨及羊头、羊尾、羊蹄、羊肝一起凉水下锅煮熟，待客时按客人年龄、职位等级别把肉分在盘里端上席。煮熟的肉香而不腻，嫩而不烂。

“纳仁饭”：席间，年轻人要将一些大块的肉和一块羊尾巴切成细末，拌入洋葱末和面条拌匀请客人们享用。这就是柯尔克孜人最有名的“纳仁饭”，是他们待客时必不可少的主要食品之一。

“库尔玛”：即锅炒羊肉块。将羊肉切成一寸见方的肉块，与胡萝卜块、洋葱等放在烧热的锅内大火烧炒，加入少量的水煮，煮熟后在上面撒以孜然等调料用手抓食。

“卡特玛”：可以汉译为烤酥油卷。把和好的面团擀薄，将奶皮子或酥油在面上抹均匀，卷成长条，然后盘成圆形，放在饼铛或锅内用文火烙烤，两面烤成橘黄色即可食用。另一种做法是将和好的面团，切成数等份，擀成数张薄饼，然后抹上酥油或者奶皮，一张张地卷起来，放入蒸锅内文蒸熟。这种食品，外酥里软，香味浓郁，是待客的上乘食品。

“西仁古奴奇”：有的地方又叫“沙勒阔勒”，可汉译为酥油羹。做法是把大米用水煮成半熟，再放上鲜奶煮，等大米与奶子煮成稠粥状，盛到盘内，上面再加入酥油让其溶化即可。它融米香、奶香、油香于一起，食起来余味无穷，为老幼皆宜的可口美食。

“克么孜”：即发酵的酸马奶。做法是将鲜马奶装入熏制的皮囊中，放入陈奶发酵剂，使其逐渐发酵，并用一根木棍（柯尔克孜族语称其为比什别克）不断搅动，隔夜之后便成为酸度适中的可口饮料。“克么孜”富含多种氨基酸、维生素等营养素，是养胃润肺活血化瘀的健康饮品。

“勃左”（孢孜酒）：柯尔克孜人秋冬季招待客人的上好饮料。孢孜酒，用料主要是糜子，因而四季皆可酿制。孢孜酒不仅是好的饮料，而且还有一定的保健价值，可以去寒、生津，尤其是去脂肪、开胃助消化的作用更为显著。

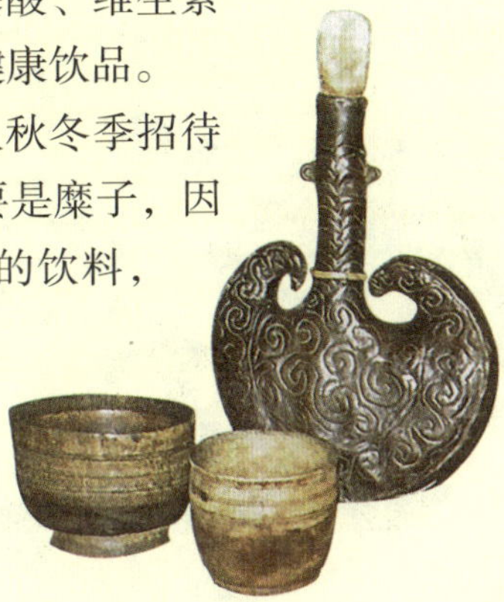

皮囊及皮碗

酸奶酪：将新鲜牛奶（最佳为绵羊奶）煮沸后加入酸杆菌（少许酸奶或酸奶疙瘩），使其发酵后即可食用。酸奶酪形似豆腐脑，雪白细腻，味酸而可口，营养价值丰富。这是柯尔克孜族牧民夏秋季的主要食品。

美观实用的花毡

柯尔克孜族日常生活中少不了毡子。主要有白毡、黑毡和花毡。黑毡主要用来做马鞍垫、衣服内衬等。白毡主要用来制作毡房、毡帽、毡袜以及花毡等。柯尔克孜族毡房内的主要物品有“希尔达克”或“阿拉克伊兹”，即花毡。这两种花毡通常有两种不同的制作工艺。

擀毡

知识链接 **“阿拉克伊兹”** 直接用不同颜色的羊毛拼贴然后直接擀压而成的擀压式花毡。“希尔达克”则是拼贴图案式缝制花毡。

“希尔达克”是花毡的上品。它做工讲究，用红、白、黑、黄、绿、蓝等色毡套剪，正反对补，一般长3—5米，宽1.5—2米，是姑娘出嫁时不可缺少的嫁妆之一。它质地结实、色泽艳

花毡 ▶

丽、图案美观、防寒防潮、美化居室，深得柯尔克孜人的喜爱。其制作方法是：首先将羊毛按不同颜色和粗细分类，用粗毛擀毡，用细毛捻线。再将擀出的白色毡子和捻出的白色羊毛线染成各种颜色，然后剪出羊角、流水、高山、树、云等变形图案。然后以黑毡为衬底，将彩色毡子根据不同颜色精心剪成的各种图案，用色线缝制在底毡上，形成一幅完整美丽的图案。

花毡中的图案充满多重寓意。古代战争中的刀、枪、剑、戈等兵器的变形，游牧生活中常见的高山、行云、流水以及动植物，如猎鹰、大雁、羝角（公羊角、鹿角）、牛羊骨和花卉、蔓草，也有齿牙、三角、方、圆、直线、斜线、曲线等几何纹样都可出现在其中。这些纹样以夸张变形的手法表现，有似形非形的写意效果，再以阴阳交错的处理手法和强烈的红、蓝、绿、橙、褐等对比色，形成补色效应，富有动感。

柯尔克孜花毡上的传统图案各有其原始含义，但是随着社会的发展和传承中的变异而逐渐湮没无闻，一些基本图案的原始含

缝制花毡 ▶

柯尔克孜族织毯

义已不为后人所知。柯尔克孜族花毡除传统图案外，还有一些常用图案，如类似狗尾巴形状的图案、鹰翅图案等。

知识链接　“希尔达克”图案以补贴花毡的图案最为丰富独特。补贴花毡的图案布局常见的有对称式、平衡式、均衡式和四方连续式。常见的图案装饰风格有以下两种：由一块块菱形格作框架，在格内用多个单独纹样进行装饰，周边用羽纹或羝角纹链作边框，菱格与菱格之间，或中部长方形主题花纹与边框之间，多用白底锯齿纹链将其隔开，使各种纹样尽显特点。

妇女手中的锦绣——刺绣

柯尔克孜族刺绣历史悠久，工艺独特，蕴含着民族与自然界温暖而平和的情感交流，是柯尔克孜族文化不可或缺的组成部分。

柯尔克孜族妇女用彩色粗细毛线、丝线、金丝线在壁挂（图什图克）、花帘、头巾、枕头、被面、毯子、衣帽、马披以及装衣袋、提包、杂物袋、碗兜、食品袋、碗垫、茶壶垫、坐垫、窗帘、门帘等悬挂的各种布面装饰品上绣出各种的精致花纹。刺绣的方法主要是平绣、结绣、钩绣、扎绣、刺绣、十字绣等等。太阳、月亮、星星、白云、山水、河流、冰山、雪峰、树木、花卉、飞禽、走兽等古老的自然信仰和图腾崇拜的痕迹都体现在刺绣作品当中。高山森林中的各种飞禽走兽，草原上黄色的小野菊、白色的蒲公英、紫色的喇叭花，甚至清晨花瓣上一滴滚动的露珠都被撷取了轻灵的意象，盛放在柯尔克孜族刺绣艺术中。高山峡谷，终年积雪，股股雪水汇合成无数条河流，沿河沟纵横起伏地带，一望无际的天然牧场，是柯尔克孜族人民生活的家园。山为父，水为母，山父水母也成为柯尔克孜族人的图腾。于是，柯尔克孜族刺绣图样中，山峰成为必不可少的风景。

柯尔克孜人很注重室内装饰和布置，无论是毡房还是土木屋，壁上都挂着挂毯和帐幔，炕上还铺着坐褥。靠门的墙上钉有衣架，衣架上挂有精心刺绣的盖布。门上有编织精细的门帘，窗有绣花窗帘。这些门帘和窗帘，多是家庭主妇千针万线精心绣制的。在刺绣工艺品中尤其以壁挂“图什图克”最为著名，是新娘出嫁必不可少的嫁妆之一，汇集了柯尔克孜族妇女精巧的艺术功

刺绣

底和独特的审美情趣。它的价值远胜于实用，被视为传家宝世代相传。

“图什图克”又称帏幔、壁挂等。面料是红、紫、黑的绸缎和金丝绒。一般以红色基调的绸料为中间面料（长约3米，宽约2米），在其上、左、右三边缝接黑平绒绣饰，边上用金线和色线绣上各种图案，包括各种抽象的图腾动物、花草、山水、星云以及禽兽、草原、畜群和波浪、雪峰等。近年来，还出现了饰有装饰品和绣上花木、虫鱼、麦穗、水果等图案的壁挂。有的绣饰边沿缝缀彩穗。用丝线锁绣，绣纹紧密熨帖，色彩明快，粗犷中显出细腻。现在绒绣针法也开始用于图什图克刺绣，即在宽幅黑平绒面料上绣以花卉，将绣料缝贴在幅宽一样大的面料上制成。这种绣法具有多层绣晕的绣纹效果，毛绒感强，图案形象丰满。柯尔克孜族壁挂，绣织精细，色泽鲜艳，图案新颖，具有独特风格。

色彩斑斓的编织

编织是柯尔克孜族妇女的一个绝活。主要分为用毛线编织的织毯“帕拉孜”、“卡加尔”、各种编织绳带和用缠绕了彩色毛线的芨芨草编制的芨芨草帘。织毯和绳带比较普遍，主要用染色的羊毛线编织而成，图案鲜艳，经济实用。“卡加尔”则是一种用各色毛线专门纺织而成的粗线花纹的特殊织品。幅宽约30厘米，上面的图案常为山鹰、羊角纹、麦穗纹等。这种“卡加尔”织料通常用来缝制毯子、马披、饲料袋等。

柯尔克孜族还用缠绕了五色毛线的芨芨草编织芨芨草帘、隔帘、芨芨草门帘等各种日用品。其中厨房草帘和门帘的每根芨芨草，都用各色毛线包扎成双头戟、弓箭形和圆形、方形、三角形、菱形、直曲形、锯齿形图案。然后把松散的芨芨草用毛线结

知识链接 **芨芨草** 多年生密丛禾草，茎直立，坚硬。须根粗壮，根径为2—3毫米，入土深达80—150厘米，根幅在160—200厘米，其上有白色毛状外菌根。喜生于地下水埋深1.5米左右的盐碱滩沙质土壤上，在低洼河谷、干河床、湖边、河岸等地。

扎编制成形。这种帘子在柯尔克孜语中，称作“奇格旦”。另外，还有一种鸟翼帘子，上面除了禽类形象外，还有日月星辰、花木丛草图案。

芨芨草编

芨芨草是大自然恩赐给工匠们的礼物，是遍布柯尔克孜草原、山区的抗寒性植物。每年9月份，柯尔克孜牧民把满山遍野的芨芨草，连根拔下，曝晒数日，晒干后，剥去外皮，去掉根梢，根据需要截成各种长度，然后用染成各种颜色的毛线，按设计的图案和花纹，将芨芨草编织成他们需要的毡房门帘、毡房内的墙围、卧室和厨房的隔墙、晒奶酪的晒席和捆草、拴羊的草绳等用品。

芨芨草编的缠绕制作并不复杂，只要按照事先设计好的图案将芨芨草编制出来就行。芨芨草帘以红、蓝颜色占绝对优势，使其图案更加鲜艳。白、黑、黄、绿颜色在多数情况下，作为辅助颜色在第二阶段起到增添光彩的作用。柯尔克孜族人的草编织品，大都是用芨芨草编织而成。就地取材，工艺简单，成本低廉，人人会制作，经济实用，既是生活中不可缺少的生活用品，又是本民族独有的手工艺品。

芨芨草编织品上的美术图案线条清晰，色彩艳丽，颜色和谐，美观大方，基本上和他们绣的花毡子上的图案相同，只是采取了独特的编织方法，使这些图案形象生动地活跃在芨芨草编织物上。他们用芨芨草编织的门帘，上面有飞禽走兽，高山瀑布，边上有流云浪花，一个不到两平方米的门帘，将大自然多种美丽的形象皆收其中，使得小小的门帘繁花似锦，别具风采。毡房内的墙围，更是他们献艺的广阔天地，在这长短约10米的墙围里，经过巧夺天工的编织，几乎将柯尔克孜人的高山牧场，辽阔草原，以及柯尔克孜人的全部生活皆浓缩在这里，犹如一幅浓墨重彩的柯尔克孜人生活的壁画。

柯尔克孜族服饰文化

柯尔克孜族服饰文化与其居住的客观环境的生态气候有着密不可分的联系，具有草原民族的共性及民族特色，完美地体现了柯尔克孜族开朗热情的民族性格。

帽

柯尔克孜人传统的服饰受经济生活的影响，多取自牲畜的皮毛。男子一般头戴白毡帽或用羊羔皮、水貂皮、狐狸皮等缝制的圆顶皮帽“铁别太”。

铁别太

铁别太是柯尔克孜族服饰之一。圆形，平顶卷檐，冬季戴用的一种皮帽。男子的帽檐多为黑色羊羔皮和狐狸皮，帽顶用黑色或绿色平绒布缝制，帽里为棉衬。男童的帽顶帽檐均为黑羊羔皮。姑娘的帽檐多用水貂、水獭皮和白羊羔皮，顶上缀有珠子、缨穗，插有猫头鹰羽毛、天鹅羽毛等饰物。帽顶用红色平绒、绸缎或黑、红色皮革，帽里多用绸缎和白羊羔皮。铁别太因地区不同而略有差异。

柯尔克孜族圆形小单帽称为“托普”，夏天戴用。用平绒、丝绒作衬，再缝以双层或多层棉布作里子。男子的多为绿、蓝、黑等单色帽。姑娘的为红色或棕色，帽前檐配以珠串银链等饰品，在帽周绣以花纹。老年妇女的多为暗色布帽。出门戴用时，外裹头巾。

男子服饰

男子上身穿白色绣有花边的圆领衬衫，外穿由羊皮做里子，用蓝色、黑色棉布做成的袷袢。袷袢是一种无领的长衣，一般用蓝色、黑色棉布做成，也有用自织的一种棕色的毛布（驼毛未染颜色）做成，分为棉袷袢和夹袷袢两种。长度过膝，较宽大，袖较长，可盖手背，无衣领和纽扣，平常敞着怀，有时腰系宽布腰带以束裹。在现代柯尔克孜人中，多为老年男子穿用。

皮质软靴

腰系宽大的、镶嵌有铜质花纹图案的皮腰带或绣花的布腰带。饰银皮腰带，柯尔克孜语称“凯买尔”。腰带是一个人社会地位和贫富的最明显的标志。古代柯尔克孜的达官贵人的腰带上边镶有金银饰件，尽显华贵。男人冬季喜穿皮裤，脚穿皮靴或自制的叫作“乔阔依”的轻便靴。

女子服饰

柯尔克孜族女子的服装也极为丰富。未婚女子和已婚女子的穿戴都有所不同。未婚女子身穿对襟上衣、连衣裙或褶长裙，也有穿不带褶的长裙。裙外套黑色、红色绒布坎肩。年轻已婚女子，喜欢扎红色、蓝色、绿色头巾，喜欢穿红、绿、蓝、紫色上衣和红

妇女服饰

裙。中老年妇女，多披彩色或白色长头巾，身穿蓝、黑等深色上衣和大衣。胸前不戴装饰品，但手上常年戴戒指、手镯，耳朵上戴耳环。发辫上喜欢系各种银质发缀、发饰。头戴一种名叫“艾列切克”的头饰。帕米尔地区的妇女则戴一种风格独特的头饰“卡列克”帽，足蹬高筒皮靴。

服饰

知识链接 **艾列切克** 实为已婚妇女用白色纱布或白绫层层缠绕，并用珠宝等装饰而成的一种包巾式女帽。根据其不同的花样和样式分为小型艾列切克、鹅头式艾列切克、扎花式艾列切克、冠形艾列切克等。外形多为圆形、平顶。但是鹅头式艾列切克和冠形艾列切克的前檐多为鹅头和冠形。

坎肩

柯尔克孜族不分男女老少，都喜欢穿坎肩，不同年龄和性别的人穿的坎肩各有不同。老年人穿的坎肩一般用羊皮做成，外缝黑色布面，较厚实暖和，面上也无甚装饰。青年人穿的坎肩十分讲究装饰。青年男子的坎肩多为黑色，偶尔也有蓝色或咖啡色的，多为夹衣，也有棉或皮的。胸前和边部缝有白色或红色花纹，美丽而素雅，一般穿于白色衬衣之外，较短小、紧身，穿上显得精神饱满、剽悍有力。青年女子的坎肩多为黑色，也有红色和紫色，边部绣有艳丽的绣花图案，胸前缀有银光闪闪的银质饰物，特别是银质或贝壳纽扣，种类繁多，美观大方。坎肩多穿在红色、粉红色或淡绿色连衣裙外，形成明显的反差，是装饰成分最强的服饰。少男少女的坎肩是服饰中最讲究的，坎肩的前襟，绣满了色彩斑斓的图案花纹，穿在少儿身上，既显得活泼有趣，又充满勃勃生机。

饰品

柯尔克孜族非常喜爱首饰。他们用黄金、白银、红铜等镶嵌制造的耳环、手镯、项链、戒指等，具有特殊的民族风格和艺术特征。例如金银耳环多为环形、半月形、三叶形、花冠形、葡萄形等。花冠形耳环正中还镶一颗红、绿色或银白色的玛瑙、宝石、珍珠。葡萄形耳环是用数十颗微小椭圆形黄金或白银镶嵌，呈葡萄串状的一种首饰。三叶形耳环像一片树叶，其上面刻有花卉或其他图案。另外，还用白银制作形似羊耳的羊耳环，其上面镶有几颗明珠，并在耳环边刻有几何图案。根据柯尔克孜族的习惯，耳环是他们认亲和订婚必不可缺少的礼物。

银首饰

银发饰

柯尔克孜族妇女用的金银和珠宝项链种类很多，主要有串链形项链、

妇女首饰

玛瑙眼项链、花柱形项链、花蕾形项链、珍珠项链等。其中，花蕾形项链多为姑娘戴用。另外，柯尔克孜族当婴儿满40日后，在项链上还要系上“图玛尔”（护身符）。妇女的戒指多为花冠、花环形状并镶有一颗明珠。男人的戒指一般分为纽扣戒指、几何图案的环形戒指等。在纽扣戒指上刻有鹰头、日月星辰和花冠等图案。习惯上，戒指也是男女双方认亲和订婚的主要礼物，一般受礼后不能违背婚约。

骏马是男人的翅膀

“马是男人的翅膀”，这句古老的柯尔克孜谚语，说出了马在柯尔克孜族人生活中的重要地位。骑马，是柯尔克孜人出生后学会的第一件事。孩子出生不久，父母就要把孩子抱到马背上，让襁褓中的婴儿领略骑马的滋味，希望他长大后成为善骑的勇士，成为草原上的英雄。当孩子长到七八岁时，就要与马为伴儿，锻炼自己的翅膀了。探亲访友，牧羊放驼，狩猎捕兽，叼羊摔跤，翻山越岭，蹚河涉水，所有这一切无不依靠骑马。柯尔克孜族视马为高贵的动物，一般情况下只供坐骑，绝不让它做苦力。他们对于自己心爱的马，就像对待自己的家里人一样，除精心饲养

骑马图

外，还刻意打扮。马鞍、马镫要选最好的材料，请上等工匠打制。金银珠宝，除镶嵌在家庭主妇的首饰、发饰和胸饰上之外，就是装饰在马鞍、马辔、马鞭上。柯尔克孜族以善骑著称，自誉为“马背上的民族”。骏马是他们的翅膀。

被称为“高原之舟”的牦牛，是高寒地区的特有牛种，根据《后汉书》的记载，早在两千多年前，西域各地就已家养牦牛。西迁帕米尔的柯尔克孜族，牦牛自然就成了他们驯养的牲畜。牦牛不但耐寒、温顺、易饲养，又能负重，在陡峭的雪山大坡上稳健行走，且产奶、产肉多，不仅是柯尔克孜族理想的交通工具，而且俗称为柯尔克孜族的“粮仓”。

享有“沙漠之舟”美称的骆驼，是古代丝绸之路上的主要交通运输工具，在近日的柯尔克孜草原上，其用途不减当年。他们长途跋涉，搬家转场，送载货物，主要还用骆驼。

近年来，在柯尔克孜草原上载着牧人奔驰的不光是马、牦牛，也有自行车、摩托车和汽车。柯尔克孜人几千年来以马、驼代步的习惯，也在随着社会进步而改变。

知识链接 柯尔克孜族的马具品种较多，又十分讲究。马具主要有马鞍、马镫、马辔、马嚼、马鞭等。这些马具做工精良，用料考究，特别是马鞍和马鞭，几乎是柯尔克孜男子手工艺品的代表。马鞍、马镫选最好的材料，请上等工匠打制。马鞍用木头制成，上面雕刻有美丽的图案，镶嵌有银质或其他金属饰物，马鞍下的皮鞍垫和马鞍上的坐褥都十分讲究。马鞭用皮条做成，鞭柄多为骨、木材质，上镂刻花纹图案和镶金、银、铜质及有色金属饰物和绿色玻璃饰物，有的甚至镶有宝石。马辔的红缨耀眼夺目。

马鞍

柯尔克孜族畜牧用语

柯尔克孜人民自古以来主要经营畜牧业，以牛、绵羊、骆驼、山羊、牦牛等偶蹄动物以及马为主。这些家畜是柯尔克孜族生产生活当中须臾不可缺少的消费品和生产工具，伴随着人民走过了漫长的历史，是他们生活中最重要的肉食和奶制消费品，而且也是主要的交通工具和生产力，其毛皮是加工制作日用品的主要原料。

无论在历史上还是在21世纪的今天，绵羊、马、牛、骆驼等家畜的数量对于柯尔克孜族都是财富地位的象征。它们被统称为四畜。山羊和牦牛是附属畜产品，在经济生活中基本上附着在绵羊和牛方面。人们通常都会用家畜的数量衡量某人的财产和实力，家畜还曾作为婚姻的聘礼以及物物交换和其他各类经济交流主要媒介。长期的游牧生活与游牧经济，使柯尔克孜族畜牧方面的词汇特别丰富。这些词汇附带着古老的游牧生活底蕴，是柯尔克孜族畜牧业文化的珍贵宝库，体现出柯尔克孜族独特的文化景观。

马被统称“吉勒克”。种马被称为“阿依合尔”，公马“阿特”，母马“别”。一岁之内的小马被称为“库伦”，二岁马“塔依”，三岁马“库南”，四岁马“皮西特”，五岁马“阿斯依”，六岁马“比尔（一个）阿斯依”，七岁马“艾克（两个）阿斯依”，并以此类推。三岁母马“巴依塔勒”，四岁母马“库南巴衣塔勒”，五岁母马“皮西特巴衣塔勒”。

骆驼统称为“托”。种驼“布热”，公驼“阿坦”，母骆驼“英甘”，驼羔“波托”或“泰拉克”，用来骑用的、善跑的骆驼被称为“杰勒玛央”。

牛统称为“乌衣”。种牛“布卡”，公牛“奥古孜”，母牛“伊乃克”，新生牛犊“慕左”。半岁母牛犊“莫云恰”，半岁公牛犊“塔纳”，一岁牛犊“托尔坡克”，两岁公牛犊“奥帕斯”，两岁母牛犊“库南库纳金”，三岁公牛犊“皮西堤诺帕斯”或“奥古兹”，三岁母牛犊“皮西堤库纳金”，四岁之后的公牛被称为“奥古孜”，母牛被称为“伊乃克”，用来骑用的、善跑的牛被称为“旭东固特”。

牦牛统称为“托坡孜”。牦牛犊“麻麻拉克”，两岁母牦牛犊“诺帕孜”或“库纳金”，三岁母牦牛“皮西堤”，四岁之后则被称为“阿斯依”、两个“阿斯依”、三个“阿斯依”，并以此类推。显而易见，“阿斯依”是柯尔克孜族特意用来计算牛、马、骆驼等大畜四岁之后年龄的词汇。

绵羊统称“考衣”。母绵羊被称为“索鲁克”，种绵羊被称为“考其阔尔”，公绵羊被称为“伊尔伊克”，新生绵羊羔“科祖”，半岁公绵羊“席谢科”。一岁公绵羊被称为“波肉库”，二岁公绵羊“提射买”或“艾克缇希图”，三岁公绵羊“托尔特缇希图”，四岁公绵羊“托呙热克依热克”，五岁公绵羊“恰尔依热克”。一岁母绵羊“托克图”，二岁母绵羊“柯思尔卡勒德”，三岁之后的母绵羊被称为“索鲁克”。

山羊统称为“艾其克”。种山羊被称为“铁凯”，公山羊“艾尔开齐”，母山羊“索璐库艾其克”，山羊羔“乌拉克”。一岁母山羊“切比奇”，一岁公山羊“赛尔开”，两岁之后，母山羊被称为“图瓦尔艾其克”，公山羊“艾尔开齐”。

柯尔克孜族的猎鹰习俗

柯尔克孜族人与鹰有着亲密的关系。古老的驯鹰、鹰猎习俗是其先民传承了几千年的传统民间习俗和古老的生产生活技艺。千百年来，他们居住的地方被称为“猎鹰之乡”。历史上，人们驯服凶猛的雄鹰为自己捕猎，可以养活一家人。

养鹰驯鹰是一件非常艰苦而细致的工作，分为以下步骤。首先，为了消除鹰的野性，牧民们一般使用“熬鹰”的方法，就是蒙上鹰眼，把它放在一根横吊在空中的木棍上，来回晃动木棍，使鹰无法稳定地站立，连续数十天，鹰被弄得晕头转向，筋疲力尽而摔落在地。之后还要饿鹰，一般要把鹰饿10～12天，只给它饮点盐水或茶水，但不喂食物，鹰的脂肪熬得差不多了，身手才能敏捷起来。经过这一番打磨，鹰的野性基本消失，驯服于主人。

其次是“养鹰”。养鹰时，驯鹰人把肉放在手臂的皮套上，让鹰飞来啄食，饥饿许久的鹰见了肉便不顾一切地扑过来，驯鹰人则一次次地把距离拉远，而且每次都不给它吃饱。这样反复进行，直到鹰能飞起来，啄到驯鹰人手臂上的肉为止。喂鹰的肉也有讲究，必须是鲜肉，动物内脏、腐肉都不能喂。

驯鹰手

最后要到室外调驯。调驯时，先把鹰的尾巴用线缠起来，让它无法翱翔，只能在小范围内活动。然后，再用拴在草地上的活兔或捆着肉的狐狸皮做猎物，让它由空中俯冲叼食。这样驯养一段时间，再拆去鹰尾部上的线，在它的腿上拴一根长绳，像放风筝似的让它去捕获猎物，待熟练后，可将手中的绳子松开。

驯鹰人必须不断地对着鹰说话，让自己的声音深刻地印在它

驯鹰手

驯鹰一家人

的脑子里。此外，驯鹰手每天还要抚摸它几十遍，为它梳理羽毛，使鹰熟悉主人的气味。这样，猎鹰和猎手会达到很高的默契，一只优秀的猎鹰就训练成功了。

训练好的鹰，能够轻松捕捉到狐狸、兔子，甚至野羊等猎物。柯尔克孜族熬鹰过去是为了帮助人们捕捉食物，而现在大多数是把它当作一种闲暇时的娱乐方式。养鹰、驯鹰、鹰猎等活动充分展示了柯尔克孜族与自然界和谐相处，天人合一的生活习惯。

杰尔-苏、麻扎尔塔尤习俗

杰尔-苏、麻扎尔塔尤习俗是柯尔克孜族一种传统的祭祀仪式，用来祈求天地神灵和祖先的灵魂保佑他们平平安安，生活风调雨顺。这是柯尔克孜族古老萨满文化的一种体现。

知识链接 **“杰尔-苏”** 意为山水土地，而“麻扎尔”则是圣人、历史著名英雄人物的陵墓或者神泉等神圣场所。“塔尤”为祭祀之意。

▲

墓地祈祷

“杰尔-苏、麻扎尔塔尤”仪式一般在3月底开春季节集体举行，由村里年长的、德高望重的人来协商确定时间并主持。每家每户都自愿参加，并且以自己的能力或捐一头山羊或几家合起来捐一只羊或大家合起来捐一头牛参与祭祀活动。如果生活拮据，也至少要带来七个馕参加活动。祭祀当天，人们会聚集到有树木有泉眼的一处圣迹（即麻扎尔）的地方，各家井然有序地搭起临时的灶台架起铁锅。女人点火烧油，用发好的面团炸油饼子。男人则在老人的带领下向神灵做祈祷，然后宰杀牛、羊等牺牲，打来泉水，把宰杀切分好的牛羊肉放进锅中煮熟。宰牲时人们面朝西方跪下，把即将宰杀的羊头朝西方抓好，全体都要摊开手掌祈祷上苍：“愿神灵库达依保佑！愿腾格里恩赐！”肉煮熟之后，人们铺开餐布，分坐在场地上享用。然后再次向神灵祈祷，希望保佑人们年内健康平安，雨水充裕，人丁兴旺，牲畜膘肥体壮，农

麻扎祭祀

业获得丰收。祈祷仪式之后，还要把祈祝布条缠绑在树枝上许愿。

这是柯尔克孜族非常古老的祭祀仪式，但现今的祈祝词中有很多伊斯兰经文的内容，说明了古老的萨满教和后来的伊斯兰教巧妙地结合在一起了。

牧人的节日——诺茹孜节

“诺茹孜节”是柯尔克孜族自古以来延续至今的一个传统重大节日，即新年节。这个节日通常在双鱼星从天空消失，白羊星出现的那一天进行庆祝，并持续半个月时间。按照柯尔克孜族历法，元月在古柯尔克孜语中称为“巴什哀”。这一天正好是元月初一，相当于农历的春分，公历3月22日。“诺茹孜”一词源于古波斯语，随着伊斯兰教的传入，它逐渐取代了古柯尔克孜族语“巴什哀”一词，成了新年的代名词。在古波斯语中，“诺”是“新”之意，“茹孜”则表示年、季。“诺茹孜”一词来源于古代波斯语。诺茹孜节的程序和内容保持着它鲜明的民族特性，以其古老的形式流传至今。

柯尔克孜族认为，天神是万物之主，太阳和月亮是人类的主父和主母，星神则是掌握人类命运祸福的主神。其中白羊星是造福人类的主神之一，而双鱼星则是人畜的病源。所以，柯尔克孜人正好在双鱼星降落，白羊星升起时举行诺茹孜节，并把这天确定为自己的新年节。

知识链接 传说白羊星是一年中第一次使昼夜时间相等的主神，它还能调节气温、季节，使大地解冻，万物复苏，草木萌芽，羊群产羔，发生一系列自然变化。因此，柯尔克孜人以白羊星升起为诺茹孜节，从这一天开始迎接新年，安排一年一度的生产和生活。

节日当天，男女老少都要穿上节日服装，举行各种民间传统娱乐活动。各家家长或阿依勒的长老拿起一根冒着浓烟的柏枝在人们头上绕三圈，并点燃事先在一块空地上堆起的柏枝。男人们依次从火上跳过，老人、孩子及妇女们只要从老人手中冒烟的柏枝下低头走过即可。一位德高望重的老人要手持冒烟的柏枝在人们和牲畜头上绕挥祝福，唱“诺茹孜歌”：

阿拉斯，布拉斯，
各种鬼怪灾祸走开。
我们与旧年告别，
新的一年又来临。
愿我们日日顺利，
愿我们全年平安。
愿我们月月安宁，
人丁兴旺。

举行完上述祈福活动之后，要宰杀一只山羊祭天。家家户户都要做一种被称为“阔确”的、类似于八宝粥的饭。这种饭只有在诺茹孜节时做，所以极为讲究。其制作方法是：将宰杀祭天的山羊肉分成小块放入锅里，等锅开，撇去血沫，放入精选的大米、小麦、大麦、糜子、小米、玉米、豆等七种谷物，再加盐、葱、蒜、葡萄干、杏干等煮成稠

银水壶

戴毡帽的琴手

粥即可。无论哪一家，都要尽力把“阔确”饭做得丰盛些，以示年年富足有余，人寿年丰，四畜兴旺。人们吃完这种色香味俱全的阔确饭之后，便成群结队地相互拜年，然后聚集在草滩平地上举行赛马、马背角力、跑马拾物、马上射箭、摔跤、荡秋千、“攻皇宫”等传统民间游戏。到了晚上，男女老少还分别举行跳舞唱歌和民间史诗演唱、部落系谱讲述等活动。

牧人的喜庆：乌鲁西和阿克托依

“乌鲁西”——马奶节

“乌鲁西”是柯尔克孜族典型的夏季草原传统节日。此节日在每年的入夏，双子星在天空正西方第一次出现的第二天举行，即柯尔克孜族传统历法三月初一，公历5月22日。从这个时候开始，草原上的柯尔克孜牧人们开始生产和食用马奶，为此要举行庆祝活动。

节日前，人们要酿制足够的马奶并宰杀肥羊。日出更后，男女老少均穿戴节日盛装来到拴母马的绳套跟前，家长先抓住马鬃祈祷，家中年老妇女则挤马奶并用木碗先将初奶喂给马驹，然后将第二勺马奶让家中年龄最小者喝，祝愿孩子和马驹一样茁壮成长，子女洁白幸福，日子如同马奶一样醇香。特意为节日宰杀的羊肉煮熟之后，邀请邻居前来做客，享用新鲜马奶和肉食以及油炸食物，相互拜年祝福，节日一般要延续三天。

“阿克托依”——停奶节

“阿克托依”是柯尔克孜人秋季庆祝的一个节日，可以理解为“停奶节”或“白色节”(阿克托依)。柯尔克孜族历法六月初一，公历8月22日，当室女星或小女星在天空正南方出现的第二天开始举行。届时，从黎明开始，一家人在家长的带领下，诵经祈祷，喝奶茶，祝全年生活安宁，丰衣足食。然后点牲畜头数，在幼畜耳朵上打记号，分给子女一定数量的牲畜，分牧业税。日出后，宰羊杀马，准备招待前来祝福拜节者。到午时，人们互相拜节和举行娱乐活动。节日一般继续到柯尔克孜族传统历法六月十五日，公历9月8日左右。

此时，马奶已开始停产，人们喝马奶的季节即将过去，天气开始变冷，草木开始枯萎发黄。当日黎明时，节日便开始举行。家家都要由家长带领向诸神祈祷，宰杀肥羊，摆出油炸食物、酥油，开始准备招待应邀前来的客人。人们相互走动拜年祝福。然后，每一家都要清点牲畜，在新增加的牲畜耳朵上、臀部上用烧红的铁烙上家族部落的印记，并安排即将到来的冬天的生产和生活。老人们要总结一年中的生产情况并互祝安康。节日过后，牧民们便开始转场到秋牧场，并开始贮存饲草和过冬的肉食。

肉孜节和古尔邦节

肉孜节和古尔邦节均为柯尔克孜族信仰伊斯兰教之后接受的两个宗教节日。“肉孜节”和“古尔邦节”均为波斯语借用词，意译为“开斋节”和“宰牲节”。

肉孜节

肉孜节是柯尔克孜族庆祝斋日结束，斋功胜利完成的日子。因此称为开斋节。按伊斯兰教的规定，每一个伊斯兰教徒都要在伊斯兰教历的9月封斋一个月。斋月期间只能在黎明前和日落后进餐，白天则禁止饮食。斋戒期满的那天即为伊斯兰教历的10月1日。肉孜节也被认为是纪念死者悼念亡灵，取悦亡灵的节日。

节日前家家都准备节日的食品。节日当天，男子们先到礼拜寺进行会礼，诵念《古兰经》，然后相互拜年，探亲访友并适时开展一些传统的民间娱乐活动，禁饮酒水。柯尔克孜族的开斋节充满浓郁的民族特色。尤其是从斋月中旬开始，一些巧舌如簧、富有即兴诗歌才能的民间艺人带领家境贫困的人三五成群，有时是穷人家的孩子，挨家挨户地唱“贾热玛赞歌”。歌词由见面问候、赞扬、提问或求得施舍、祝福安康等几个部分组成，有固定的歌词，但也有即兴创作的成分。一些民间歌手还即兴创作了大量歌词，大大提高了它的艺术性，使其成为柯尔克孜族民歌中广泛流传的一个类型。

知识链接 **贾热玛赞歌** 柯尔克孜族民歌的一个古老种类。歌词内容主要是赞颂户主的人格品行，列举他祖先的功德，赞扬他的家庭富足，并祝福他身体健康、家庭幸福、节日快乐等。

古尔邦节

古尔邦节又称“库尔班节”。在开斋节过后第七十天，即伊斯兰教历12月10日举行。古尔邦节是信奉伊斯兰教的柯尔克孜人的传统节日之一，它比肉孜节还要隆重。“古尔邦”意为宰牲，这也是伊斯兰教五功之一朝觐活动的最后一日。

节日当天清晨，全家男女进行大净（沐浴、净衣、洁处），然后到礼拜寺或草坪进行“那玛孜”（聚礼），然后宰杀一只黑头公绵羊向真主献祭。女性不能与男人一起到礼拜寺和其他场所参加“那玛孜”会礼。

节日气氛 ▶

古尔邦节是一个喜庆的节日。节日期间，柯尔克孜族人身着节日盛装，走亲串友，互相拜访，庆贺节日来临。有些人还要把婚事及其他喜事安排在节日期间举行，增添节日气氛。届时，还会组织赛马、叼羊、摔跤、“攻皇宫”等柯尔克孜族传统的娱乐活动。节日通常要持续数日，人们沉浸在欢乐的节日气氛中。

第六章
民族之魂
《玛纳斯》

一部口头流传千年的《玛纳斯》史诗是柯尔克孜族人民世代传唱的命运交响曲，是他们发自内心的绝唱，是民族灵魂的寄托。史诗记录着民族的历史，浸染着民族的情感，闪烁着民族的智慧，教育和激励着一代代后人，已经从民族的心灵传遍了五湖四海，登上了人类文明的舞台。

民族精神文化的巅峰

柯尔克孜民族的史诗蕴藏量相当丰富。其中流传范围最广、影响最大、篇幅最宏伟、研究价值最高、艺术性最强的史诗，当属《玛纳斯》。它是柯尔克孜民族具有代表性的史诗杰作。史诗气势宏伟，自始至终紧紧扣住听众们的心弦。内容异常丰富，情节曲折生动，上百个人物被塑造得栩栩如生，性格鲜明，大大小小几十个征战场面，描写得绘声绘色。史诗融气势宏伟、震撼人心的激烈战斗场面与抒情的爱情描述于一体，成为柯尔克孜族民间文学的典范之作。作为我国三大史诗之一和具有世界影响的著名史诗，《玛纳斯》2004年被列入国家级非物质文化遗产名录，2009年又被联合国教科文组织列入人类非物质文化遗产代表作名录。

国家级非物质文化遗产证书

世界非物质文化遗产证书

东方史诗的基本模式是从英雄的诞生开始叙事，《玛纳斯》亦是如此：加克普汗很富有，但年迈无子使他痛苦万分。通过祈子仪式，年迈的妻子神奇般怀孕。玛纳斯诞生时，一手握着血块，一手握着油脂。手握血预示玛纳斯将要浴血奋战一生，他会让敌人血流成河；手握油则预示玛纳斯要让柯尔克孜人民过上富裕的生活。史诗对于人物与事件的叙述采用的是由本至末的顺时连贯叙事方式，即不打破自然时序，基本按照事件发生的时序对事件进行叙述，每一部都是从英雄的诞生写到英雄之死，这与采用倒叙方法叙事的希腊史诗有明显的不同。

《玛纳斯》采用独特的谱系式叙事结构，每部史诗描写一位玛纳斯家族的英雄，上部史诗的主人公与下部史诗的主人公均为父子关系。这样典型的谱系式叙事结构，在世界史诗中十分罕见。《玛纳斯》的八部史诗，每部的情节与结构都比较完整，因此，每部都是一部完整的史诗，可以单独演唱。然而，八部史诗在人物、情节、艺术风格诸方面又有着深刻的内在联系，构成一部统一的、完整的史诗作品。

八部史诗从头至尾全部采用韵文形式，由史诗歌手——玛纳斯奇演唱。每一诗行由7~8个音节构成，韵律严谨，富于音乐性。押韵形式多样，有头韵、腰韵、尾韵、节奏韵、句首韵等多种变化，保持了突厥语民族中比较罕见的古老韵律形式。每一段长短不一，依据史诗的内容延伸和缩短。

阿地里与当代荷马居素普·玛玛依

史诗用许多动人的故事，讴歌了玛纳斯及其后裔在东起英干山（兴安岭）及大漠，西至阿拉尔湖布哈拉、巴达克山、喀什噶尔，北自叶尼塞河阿尔泰山、额尔齐斯河，南到喀喇昆仑山一带的活动情况，真实地反映了柯尔克孜族历史上的活动范围。史诗着意刻画了柯尔克孜英雄汗王玛纳斯的光辉形象。玛纳斯为了反对异族的残酷统治，摆脱异族统治者的压迫和奴役，为使本民族和其他受压迫民族的人民过上安定富裕的生活，团结各族人民，聚集了来自四面八方的勇士，组成反侵略的大军，南征北战，击败许多敌手，逐步统一柯尔克孜汗国。从历史维度来讲，史诗涉及辽代和喀拉汗王朝时代以及之后历史的脉络，回鹘、突厥、契丹、女真、蒙古、钦察汗国、金帐汗国等部族和政权。

《玛纳斯》从古老的柯尔克孜史诗与丰厚的柯尔克孜民间文学中吸取营养，它包含着柯尔克孜古老的神话、传说、习俗、歌谣以及大量的民间叙事诗与民间谚语等；是展现柯尔克孜人民生

阿合奇县玛纳斯群雕像

活的巨幅画卷，堪称柯尔克孜民族古代文化的百科全书。这部史诗不仅有很高的文学价值，而且还有很高的语言、历史、经济、宗教、民俗、文化等多学科的价值。在柯尔克孜文学史上，《玛纳斯》起着承前启后的重要作用，对于后世柯尔克孜民族文学的发展产生着深远的影响。它对于柯尔克孜族作家文学的形成以及绘画、雕塑、音乐、戏剧等各类民族艺术创作产生了巨大的、潜移默化的影响。

史诗的内容和结构

《玛纳斯》在漫长的流传过程中，产生出许多变体和异文。在众多的异文中，我国《玛纳斯》演唱大师居素普·玛玛依演唱的《玛纳斯》唱本最为光彩夺目。其规模宏伟，情节完整，以史诗主人公玛纳斯家族八代保家卫民的英雄业绩为内容，共由八部构成，每一部描述一代英雄的故事，共计长达23万多行，相当于荷马史诗《伊利亚特》的14倍。居素普·玛玛依演唱的每部篇名均采用玛纳斯家族英雄的名字，也是该部主人公的名字命名：第一部《玛纳斯》，第二部《赛麦台》，第三部《赛依铁克》，第四部《凯耐尼木》，第五部《赛依特》，第六部《阿斯勒巴恰与别克巴恰》，第七部《索木碧莱克》，第八部《奇格台》。

知识链接 “玛纳斯”不仅是史诗中的主人公的名字，也是这部英雄史诗的总称，又是史诗第一部的名称。

第一部《玛纳斯》

《玛纳斯》史诗插图

《玛纳斯》以优美动听、惊心动魄、气势恢宏的序诗开篇，讲述柯尔克孜族的族源，以娓娓动听的故事，将听众引进人类社会开辟鸿蒙的远古时期柯尔克孜人的生活画卷。然后交代英雄玛纳斯出世的背景，并逐步归入柯尔克孜人民反侵略斗争的主题。

第一部史诗主要讲述柯尔克孜人受契丹统治、奴役，人民处于水深火热之中。卡勒玛克占卜师预言要出现一个盖世英雄，推翻外族的统治。卡勒玛克汗王阿牢开下令剖开柯尔克孜孕妇的肚子，妄图杀死未出生的英雄。在柯尔克孜人保护下，英雄躲过大难，顺利出生。英雄出生时，一手握血，一手握油，手掌上有玛纳斯的印迹。他在密林深处长大成人。神奇匠人为英雄制造长矛、战斧，送来战袍。他聚集四十勇士，南征北战，被拥为汗王，并与周边的哈萨克人、乌孜别克人组成了十四个汗王的部族联盟。迎娶喀拉汗王公主、自己的贤

玛纳斯陵墓

内助卡妮凯为妻。部落首领阔阔托依逝世一周年盛大祭典上，空吾尔巴依大闹祭典。玛纳斯主持祭典，粉碎了卡勒玛克人的阴谋。契丹王子阿里曼别特前来投奔，与玛纳斯缔为同乳兄弟，被封为内七汗之一。玛纳斯率四十勇士和大军远征，阿里曼别特受任统帅远征大军，直捣京城，获得大胜。后因玛纳斯被卡勒玛克人的统帅空吾尔巴依用毒斧击中后颈，返回故乡后死去。夫人卡妮凯为他修建了陵墓。

玛纳斯的一生由“神奇的诞生”“少年时代的显赫战功”“英雄的婚姻”“部落联盟的首领”“伟大的远征”“壮烈的牺牲”等部分构成。

第二部《赛麦台》

第二部主人公赛麦台是第一部英雄主人公玛纳斯的儿子。英雄玛纳斯的葬礼刚刚结束，一场家族内讧爆发。玛纳斯的同父异母兄弟阿维开与阔别什在父亲贾克普的指使下，欲阴谋将玛纳斯之子赛麦台扼杀在摇床之中，以夺取王位。卡妮凯带着儿子逃到布哈拉娘家。赛麦台12岁时得知自己的身世后毅然返回故乡并在巴卡依老人的帮助下铲除内奸，重振柯尔克孜民族大业。赛麦台率领勇士们与敌人展开血战，打败前来抢夺自己未婚妻阿依曲莱克的青阔交与托勒托依，与仙女阿依曲莱克结婚。赛麦台的心腹坎巧绕背叛并勾结托勒托依之子克亚孜，把赤手空拳的赛麦台诱骗到玛纳斯墓前加以陷害，赛麦台从人间消逝。英雄古里巧绕以及巴卡依、卡妮凯等沦为奴隶，已有身孕的阿依曲莱克被敌人强娶为妻。

第三部《赛依铁克》

第三部主人公赛依铁克是赛麦台的遗腹子。阿依曲莱克沦为克亚孜的奴隶，她想方设法与克亚孜周旋，用法术将赛依铁克在体内怀了3年多，并把女巫变成自己的替身去陪克亚孜睡觉。阿依曲莱克历尽千辛万苦，凭借智慧和勇敢，保护抚养赛依铁克长大成人。她还请来神医为古里巧绕治疗肩胛骨使他恢复元气。在巴卡依、古里巧绕等的帮助下，赛依铁克经过苦战，杀死了把性命寄存在羚羊体内木箱中麻雀身上的克亚孜，处死叛变篡权者坎巧绕，报杀父之仇，重新夺回汗位，使人们重又获得幸福生活。不久，被仙女救入深山的赛麦台也重返人间。赛依铁克与善战女神库娅勒结为夫妻，多次击退敌人进攻，保卫了柯尔克孜人民的利益，重振玛纳斯家族雄风。

第四部《凯耐尼木》

第四部主人公凯耐尼木出生后，食量惊人，一直到7岁不会走路。凯耐尼木9岁时，骑上坎库拉骏马，连根拔起一棵柳树前去营救被敌人围困在山涧魔鬼湖上的祖父一行。他横扫敌军，把赛麦台等人救出魔窟，平安回到塔拉斯之后，又杀死赫赫有名的居仁多，啖其舌头，他通晓世间万物之语言。他还与鱼王结盟，与神鸟交友。最后，杀死了顽敌秦额什，带着其女绮尼凯回到塔拉斯。不久，故乡塔拉斯遭暴风雨袭击，人、畜死亡，又遭到敌人的联合进犯。凯耐尼木不顾大病初愈，骑马出征，打败了敌人，生擒了罪大恶极的达比塔依，惩处了背叛人民的萨拉玛特，保卫了家乡人民的安宁。

《玛纳斯》第一部汉文版

第五部《赛依特》

第五部主人公赛依特少年随父出征，与恶魔巨人喀拉朵搏斗，降妖除魔，为民除害。他解放被巨人囚禁的人民，救出可汗之女克勒吉凯，与美女一见钟情。最后，在未婚妻的帮助下完成汗王提出的三个难题：去追一只难以到手的凤凰、去大海对岸的一座青色坟墓中取出宝石、婚礼上要用罕见的鱼宴请宾客，并在婚礼上举行的赛马、马上角力、摔跤三项比赛中夺得冠军。在携妻返乡途中，又战胜岳父勾结的七个巨人的袭击，转危为安，回到故乡。婚后，赛依特又降服了给人民带来灾难的七头女妖，使人民安居乐业。

第六部《阿斯勒巴恰与别克巴恰》

第六部讲述英雄赛依特的遗腹子双胞胎阿斯勒巴恰与别克巴恰勇气过人。哥哥阿斯勒巴恰年仅25岁便战死沙场。弟弟别克巴恰继承了哥哥未竟的事业，与来犯的卡勒玛克首领玛德勒、土库曼侵略者首领卡勒德克以及八头妖的伙伴阿音扎进行了不屈不挠的斗争。他为民除害，戎马倥偬一生，直到耄耋之年。

第七部《索木碧莱克》

第七部讲述主人公索木碧莱克，从小成为孤儿。15岁时，他得知自己的身世和祖先的英雄业绩，知道了自己的故乡是塔拉斯。他辞别舅父，回到故乡，得到人民的拥戴，获得战袍、骏马和武器，与入侵者芒额特、唐古特人进行了多次战斗，将敌人一一打败。之后，解救被呼罗珊人囚禁的美女铁尼木罕，并与其喜结良缘。索木碧莱克返回故乡后，去拜谒祖先的陵墓。后来，他又与来犯者芒额特人较量，不幸受伤死去。

《玛纳斯》史诗柯尔克孜文18卷

第八部《奇格台》

第八部叙述了玛纳斯家族最后一代子孙奇格台的事迹。奇格台是索木碧莱克的遗腹子，他刚出世不久，因母亲去世而沦为孤儿。他自幼习武，力大过人。他得知哈萨克人遭到芒额特人劫掠的消息，赶去相助，他与哈萨克人并肩战斗，同芒额特人激战三天三夜，终于将入侵者击退。败将奥托尔勾结西辽人，率九万大军再次杀回哈萨克，夺走哈萨克汗王萨塔依的王位，肆意虐杀无辜，到处抢劫。奇格台听说后再度出征，与哈萨克人并肩进行反侵略斗争。战斗中，奇格台的马蹄突然被绊，英雄不幸落马负伤，返回塔拉斯后去世。他去世时年仅21岁，无妻无子，至此，玛纳斯家族八代英雄的戎马生涯结束。

史诗的流传与保护

《玛纳斯》除了在我国流传之外，在中亚的吉尔吉斯斯坦、哈萨克斯坦、乌兹别克斯坦、阿富汗、塔吉克斯坦等国也有流传。根据国内外专家的研究，《玛纳斯》的产生已经经过了上千年的历史。从16世纪毛拉·赛福丁·依本、大毛拉·沙合·阿帕孜·阿克色肯特在其波斯文《史集》一书中首先记载《玛纳斯》史诗以来，国际上对于这部史诗的搜集研究至今已有300多年历史。在这300多年里，《玛纳斯》这部世代以口头形式流传发展的史诗，不断被各国学者搜集、整理、翻译和研究，到目前已经形成了一个专门的研究队伍，成为一个世界性的研究领域。《玛纳斯》史诗目前已有汉、俄、英、日、德、土耳其、哈萨克、蒙古、乌兹别克、法、雅库特、伊朗、匈牙利等多种文字的译文章节或整部的内容。众多学者从不同的角度、不同的变体入手，对史诗进行研究，并取得成绩。

知识链接　联合国教科文组织曾把1995年定为“《玛纳斯》年”，在全世界范围内进行各类纪念活动。吉尔吉斯斯坦举全国之力，举办了《玛纳斯》一千周年活动和大型研讨会。

《玛纳斯论》书影

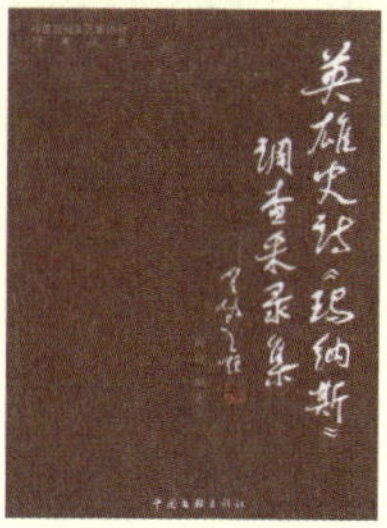

《英雄史诗〈玛纳斯〉调查采录集》书影

《玛纳斯》演唱

黑龙江省富裕牧场七家子村玛纳斯广场

首先对《玛纳斯》史诗进行较系统全面搜集和研究的，开始于19世纪。乔坎·瓦里哈诺夫在其《准噶尔游记》一书里，对《玛纳斯》史诗进行了系统的介绍，并且翻译发表了史诗传统诗章《阔阔托依的祭典》；维·拉德洛夫不仅第一次搜集记录了史诗比较完整的文本，而且在其著作《北方诸突厥部落的口头文学典范丛书》第五卷中，对《玛纳斯》史诗有广泛的论述。随着史诗变体资料的不断刊布和发现，世界各国学者对该史诗的研究不断深入。目前，各国学者主要借助吉尔吉斯斯坦的两位玛纳斯奇萨额木拜·奥诺孜巴克和萨雅克拜·卡拉拉耶夫的唱本及中国玛纳斯奇居素普·玛玛依、艾什玛特·玛买特居素普等史诗歌手的唱本，对史诗的文学、口头诗学、历史学、语言学、民族学、美学、哲学、军事学、音乐等价值展开深入而广泛的研究，并且取得了很多重要成果。

《〈玛纳斯〉史诗歌手研究》书影

《居素普·玛玛依评传》书影

中国从20世纪60年代初开始进行大规模的搜集、整理、研究、翻译《玛纳斯》史诗以后，历经半个多世纪的努力，所取得的成绩也为世界所瞩目。中国搜集的居素普·玛玛依唱本是目前世界上结构最完美、内容最完整的唱本。而新疆乌恰县艾什玛特·玛买特的唱本则最具民间特色；萨特瓦勒德·阿勒的变体又是唯一的描述英雄玛纳斯七代祖先业绩的唱本。到1995年，已经完成了居素普·玛玛依唱本柯尔克孜文版的出版。由阿地里·居玛吐尔地翻译的史诗第一部《玛纳斯》四卷汉译全本已经由新疆人民出版社于2009年出版，由刘发俊、巴合提·阿曼别克等人翻译的第二部《赛麦台》和由朱玛克·卡德尔等人翻译的第三部《赛依铁克》也分别于2012年和2013年出版。由德国学者卡尔·莱谢尔翻译的第一部第一卷的英文本也于2013年出版。

中国先后多次召开国内国际学术研讨会，大大提高了我国在这一领域的学术水平。史诗的研究正向深度和广度拓展，国内各民族学者以及国际史诗专家都有一些有分量的研究著作和论文发表。出自中国学者之手的一大批学术论文和专著受到国内外学者的推崇，其中郎樱的《中国少数民族英雄史诗〈玛纳斯〉》《〈玛纳斯〉论》，阿地里·居玛吐尔地的《〈玛纳斯〉史诗歌手研究》，托汗·依萨克和阿地里·居玛吐尔地的《〈玛纳斯〉演唱大师居素普·玛玛依评传》，曼拜特·吐尔地的《〈玛纳斯〉的多种变体与说唱艺术》，马克来克·玉买尔拜的《玛纳斯的智慧》，陶阳的《英雄史诗〈玛纳斯〉调查采录集》等专著，是我国《玛纳斯》研究领域的标志性成果。

民族精神的守护神——玛纳斯奇

《玛纳斯》史诗是这个口头传统造就的一座丰碑，而演唱这部史诗的歌手玛纳斯奇（manaschi）是这个口头传统创造保存者中的杰出代表。他们对柯尔克孜族精神文化、思想智慧、语言资料保存和传承做出了不可替代的巨大贡献。正是他们，创造了丰富的口头语言艺术作品，以及像《玛纳斯》这样百科全书式的综合性口头传统史诗，并把柯尔克孜族世代相继的民间传统文化知识无一例外地

演唱大师居素普·玛玛依

儿童演唱玛纳斯

纳入其中，保存和传播着柯尔克孜族传统文化的精华。他们是柯尔克孜族中专门以演唱《玛纳斯》史诗为职业的民间艺人。

“玛纳斯奇”从广义上讲是指能演唱《玛纳斯》史诗整部或其中一部分的民间说唱艺人。从狭义上讲是指只唱《玛纳斯》第一部内容的民间艺人，而第二部内容的演唱者被称为“赛麦台奇”。“玛纳斯奇”，被柯尔克孜族民间曾称为“交毛克奇”，这一称呼在某些柯尔克孜地区依然流行至今。他们是《玛纳斯》史诗的传承者、创作者、传播者，在柯尔克孜民族中间享有崇高威望。

在《玛纳斯》史诗的神奇艺术魅力、史诗人物们英雄主义精神的感召下，玛纳斯奇们全身心地投入到史诗演唱之中，为弘扬民族先祖玛纳斯的精神而奉献一生。对于他们来说，个人的烦恼、得失与史诗英雄们所经历的艰难困苦相比微不足道，完全可以视而不见。他们分担着史诗英雄们的苦难，分享着英雄们的成就和业绩，把自己融入史诗当中，用史诗英雄们的精神陶冶自己的心灵，平衡自己的心态，超越自我。国内外学者把《玛纳斯》史诗称为柯尔克孜族的“民族魂”，那么，我们可以毫不夸张地说，传承和保存着这部伟大史诗的玛纳斯奇们，便是柯尔克孜族民族魂的守护者。

到了21世纪的今天，玛纳斯奇的歌喉仍然回响在柯尔克孜族的山区草原，不同年龄、不同地区的数十位玛纳斯奇依然以活形态方式传唱着英雄祖先的故事。目前已经有居素普·玛玛依等三位玛纳斯奇被列入国家级非物质文化代表性传承人行列，成为国家重点保护对象。居素普·玛玛依还多次获得国家级奖励，被学界称为国宝级《玛纳斯》演唱大师。

杰出的玛纳斯奇

居素甫阿洪·阿帕依（？—1920）

著名玛纳斯奇。阿合奇县哈拉奇乡阿合奇村人。受民间文艺熏陶，曾到安集延、奥什等地拜访当时著名的玛纳斯奇阿勒太额奇、特尼别克等，学唱《玛纳斯》。后又到乌恰、阿克陶等柯尔克孜地区演唱《玛纳斯》，与当时许多著名玛纳斯奇进行交流。

坐落于今新疆阿合奇哈拉奇乡的著名玛纳斯奇朱互普洪·恰依之墓

1917年，俄国的大玛纳斯奇萨额木拜·奥诺孜巴克曾一度来到中国境内的阿合奇县。当时，阿合奇县哈拉奇乡的比官阿热孜汗，召集从俄国来的较有名望的巴依赛尔凯·切里克、萨哈里·巧里潘、俄国驻乌什县的代表阿布都卡德尔、考奇阔尔卡热以及中国当地在柯尔克孜族中有名望的老人空克巴西、奥木尔扎克、苏来依曼等人做评委，由居素甫阿洪·阿帕依同萨额木拜·奥诺孜巴克当众比赛演唱《玛纳斯》。所唱的史诗章节由评委们指定。萨额木拜·奥诺孜巴克首先演唱玛纳斯召集七汗共商远征大计并率兵出征的部分。萨额木拜·奥诺孜巴克从第一天傍晚开始演唱，直唱到第二天日出才把这部分唱完。第二天傍晚由居素甫阿洪接上萨额木拜所唱的内容往下唱。他从傍晚唱到第二天日出。休息一天后，二人分别演唱对方演唱过的内容。经过比较，史诗评论家们说："萨额木拜将玛纳斯在塔拉斯的英雄行为演唱得比较精彩，而居素甫阿洪则把玛纳斯远征别依京这一段唱得精彩。"居素甫阿洪称他掌握的《玛纳斯》《赛麦台》《赛依铁克》《阿勒木萨热克》《凯南萨热克》五部诗，需要三个多月时间才能唱完。

居素甫阿洪·阿帕依演唱的史诗前三部内容曾于20世纪上半叶由居素普·玛玛依的哥哥巴勒瓦依搜集记录下来，后来又让居素普·玛玛依背诵下来。目前，中国出版的居素甫·玛玛依唱本前三部的内容即是在居素甫阿洪·阿帕依演唱资料的基础上加工而成。

巴勒瓦依·玛玛依（1896—1937）

著名玛纳斯奇。当代著名“玛纳斯奇”居素普·玛玛依的哥哥。阿合奇县哈拉布拉克人。自幼酷爱民间文学，特别是迷恋英雄史诗《玛纳斯》。幼年曾在经文学校读书，后来成为当地著名的学者。凭着一腔热情，搜集、记录《玛纳斯》的各种手抄本和玛纳斯奇们演唱的资料，终于成为当地有名的玛纳斯奇和有成就的《玛纳斯》史诗资料的搜集家。他的资料主要来源于著名的玛纳斯奇居素甫阿洪·阿帕依和额布拉音·阿昆别克的唱本，这些资料是其胞弟居素普·玛玛依唱本八部《玛纳斯》的主要来源。他用近20年时间抚养和教育比自己小22岁的胞弟居素普·玛玛依，最终把他培养成了一代《玛纳斯》演唱大师。后来，他把自己搜集的各种文学书籍、手抄本和各种资料全部交给了胞弟。他曾在20世纪30年代积极参与创建乌什柯尔克孜文化促进会，为民族教育事业做出了贡献。1937年与一批进步人士被盛世才逮捕，在喀什遇难。

艾什玛特·玛买特居素普（1880—1963）

著名玛纳斯奇。乌恰县黑孜苇乡阿克布拉克村人。没有进过任何学校，从小跟着父亲玛买特居素普学习文化知识，学唱《玛纳斯》史诗。幼年时就学会《艾尔托什吐克》《库尔曼别克》《阔交加什》《加尼西与巴依西》《鸟王布达依克》等多部柯尔克孜族史诗、叙事诗及其他民间文学作品。后来，又到各地巡游，结识大批民间艺人，切磋交流，在庆典婚礼、祭典上演唱《玛纳斯》及其他史诗，甚至跨越国界到吉尔吉斯斯坦境内，向一位名叫艾山别克的著名玛纳斯奇学习演唱《玛纳斯》史诗。据说他还曾与中国的著名玛纳斯奇居素甫阿洪·阿帕依、吉尔吉斯斯坦著名玛纳斯奇萨额木拜·奥诺孜巴克等一起到现代最杰出的玛纳斯奇之一特尼别克门下学习三年多时间。成名后，地方长官阿尔孜玛特赏识他的《玛纳斯》演唱才能，把他收养在身边，带着他到各地出席喜庆宴会及祭典活动。

艾什玛特·玛买特居素普

艾什玛特四处演唱《玛纳斯》，名声越来越大，被称为“柯尔克孜族的黄莺”。他所演唱的史诗，无论内容还是演唱风格，都保留了很多古老成分，语言朴实，生动感人，同居素普·玛玛依的变体形成鲜明的对比。特别是他演唱的《保卫塔拉斯》《玛纳斯与萨依卡勒女英雄的爱情》《阔阔托依的祭典》《玛纳斯之死》《玛纳斯的葬礼》及第二部中的《赛麦台与巴额西对阵》《赛麦台依与玉麦台依交朋友》《坎巧绕的阴谋》等传统章节都有独到之处，在其他变体中无法找到。他能够演唱《玛纳斯》前七部，还能演唱众多柯尔克孜族史诗及叙事诗。在1961年开展的《玛纳斯》史诗普查中，工作组只记录下了他演唱的史诗第一、第二两部。他的唱本语言朴实无华，具有口头文学古老的程式化特征。记录文本时他已是80多岁高龄，所以没有能够留下他完整的史诗唱本。艾什玛特·玛买特居素普于1963年离世。

额布拉音·阿昆别克（1882—1959）

著名玛纳斯奇。阿合奇县哈拉奇人。据他的女儿朱玛汗回忆，额布拉音·阿昆别克17岁时成为孤儿。有一天，他在山坡上放羊，睡着了，玛纳斯及其随身大将巴卡依等在梦中出现，把史诗的内容教给了他。从此便会演唱史诗《玛纳斯》了。但他不轻易在众人面前演唱，因此，他在被巴勒瓦依发现之前，还是一个不被人注意的人物。1917—1927年间，巴勒瓦依从他口中记录下了史诗后五部《凯耐尼木》《赛依特》《阿斯勒巴恰与别克巴恰》《索木碧莱克》《奇格台》等。当今《玛纳斯》大师居素普·玛玛依演唱的八部史诗的后五部的内容，即传承自他演唱的变体。

居素普·玛玛依（1918—2014）

著名玛纳斯奇。被国内外史诗专家誉为“21世纪的荷马”，“活着的荷马”，被国家领导人称为“国宝”，是唯一一位能演唱八部《玛纳斯》史诗的大“玛纳斯奇”，也是享誉世界的21世纪最后一位《玛纳斯》演唱大师。在我国各种书籍中还被写成“朱素普·玛玛依”“朱素甫·玛玛依”“居素甫·玛玛依”等。

居素普·玛玛依

新疆克孜勒苏柯尔克孜自治州阿合奇县哈拉布拉克乡米尔凯奇村人。从8岁开始由比他年长22岁的哥哥巴勒瓦依照顾，并在哥哥、父亲的指导下，学习《玛纳斯》史诗演唱。幼年时在伊斯兰教毛勒多手下学习阿拉伯文，有一定的文化基础，为他日后阅读记忆《玛纳斯》手抄资料提供了便利条件。

居素普·玛玛依聪颖机智，具有惊人的记忆力和语言天赋，加之刻苦努力，仅用八年多时间就把哥哥所搜集记录的20多万行的八部《玛纳斯》的故事全部记忆背诵了下来。即著名玛纳斯奇居素甫阿洪·阿帕依的前三部《玛纳斯》《赛麦台》《塞依铁克》内容和另一位著名玛纳斯奇额布拉音·阿昆别克后五部《凯耐尼木》《赛依特》《阿斯勒巴恰与别克巴恰》《索木碧莱克》《奇格台》内容。居素普·玛玛依一边学习《玛纳斯》史诗的手抄本资料；另一方面在这些材料的基础上进一步梳理加工，把其中的散文改成韵文，花费一生的心血创造出了自己独具特色的史诗唱本。

居素普·玛玛依从20世纪60年代初开始演唱《玛纳斯》史诗和柯尔克孜族的其他一些英雄史诗和叙事诗，并进行记录。到目前为止，他所演唱的民间口头史诗作品大部分已经整理出版。除了八部18卷的《玛纳斯》史诗之外，具体篇目有《艾尔托什吐克》《库尔曼别克》《巴额西》《托勒托依》《阔班》《萨依卡丽》《玛玛克与绍波克》《吐坦》《江额勒木尔扎》以及哈萨克史诗《七汗的故事》等。除此之外，他还写有《我是怎样开始演唱〈玛纳斯〉史诗的》《柯尔克孜族对少男少女的各种称呼》《柯尔克孜族对四种牲畜的称呼》《提莱克玛提的传说》《柯尔克孜族民间文学简论》《吉尔吉斯国纪行》等文章，在国内外报刊上发表。

居素普·玛玛依一生坎坷，富有传奇色彩。从1961—1983年二十多年，他曾先后三次演唱《玛纳斯》。第一次是1961年，为新疆维吾尔自治区文学艺术界联合会《玛纳斯》普查搜集组演唱了史诗前五部的内容，共计约9万行。第二次是1964年，在阿图什，他不仅补唱了《玛纳斯》史诗前五部，而且还唱出了史诗第六部《阿斯勒巴恰与别克巴恰》4.5万余行，使自己的演唱内容达到六部，超过19万行。第三次演唱是在1978年11月，他被请到北京进行演唱近一年时间，后又回到乌鲁木齐继续演唱。这次是他自己记录自己演唱的内容，除了“文化大革命”中所幸没有丢失的第二部《赛麦台》外，其余各部都由他重新演唱和记录了一遍，使史诗达到完整的八部，共计32万多行。这个唱本就是我国目前出版的八部18卷《玛纳斯》的全部资料。

因为对《玛纳斯》史诗的保护、传承和流传做出重大贡献，居素普·玛玛依曾多次获得国家及新疆维吾尔自治区的奖励。1983年，他在新疆维吾尔自治区文学艺术界联合会、新疆民间文艺家协会联合举办的1977—1982年新疆民间文学作品评奖活动中获荣誉奖。同年，他演唱的《凯耐尼木》获1979—1982年全国优秀民间文学作品评奖一等奖。1990年12月因在《玛纳斯》搜集、演唱工作中做出突出贡献而受到新疆《玛纳斯》工作领导小组、新疆维吾尔自治区文学艺术界联合会、新疆民间文艺家协会的表彰。1991年4月，因在抢救、整理、出版《玛纳斯》工作中做出贡献，获文化部、国家民委的表彰。1991年11月，因多年来在开拓、发展中国民间文艺事业中辛勤耕耘、贡献卓著而受到中国民间文艺家协会的奖励。1992年11月《玛纳斯》（第二部）获首届中国民族图书奖一等奖。1995年8月《玛纳斯》第四部《凯耐尼木》获第二届中国北方民间文学一等奖。

居素普·玛玛依从1982年起任新疆维吾尔自治区政协委员、政协常委至2002年；1990年获得研究员职称；曾任新疆维吾尔自治区文学艺术界联合会名誉主席。2006年获得中国文联、中国民间文艺家协会"山花奖"终身成就奖。2006年获得文化部国家级非物质文化遗产"杰出传承人"称号。2014年被中国文联授予"非物质文化传承人薪传奖"。曾三次出访吉尔吉斯斯坦共和国，并受到最高礼遇。吉尔吉斯斯坦共和国总统阿斯卡尔·阿卡耶夫在1995年吉尔吉斯斯坦共和国举办的《玛纳斯》一千周年大会上，授予居素普·玛玛依吉尔吉斯斯坦"人民演员"称号。2007年吉尔吉斯斯坦文化部部长专程来华向他颁发"《玛纳斯》之父"金质勋章。2014年他还被吉尔吉斯斯坦总统阿塔姆巴耶夫授予吉尔吉斯人民英雄称号和象征该国最高荣誉的白鹰勋章。

曼别特阿勒·阿拉曼（1937—2013）

著名玛纳斯奇。1937年4月13日出生于阿合奇县哈拉奇乡哈拉奇村。2009年，被评为我国非物质文化遗产国家级传承人，是我国仅有的三位入选非物质文化遗产国家级传承人之列的玛纳斯奇之一。他曾拜居素普·玛玛依为师，并从20岁开始热衷于学习和演唱《玛纳斯》史诗。其演唱篇目为史诗第一部的传统诗章《柯尔克孜族的起源》《玛纳斯邀请七汗商议远征》《远征途中的侦察敌情》《远征决战》《众英雄伤亡》及史诗第二部《赛麦台》等。除此之外，他还能演唱史诗第四部《凯耐尼木》的一部分传统章节以及史诗第五部《赛依特》的全部。作为传统的民间口头史诗艺人，他的演唱篇目还包括史诗《库尔曼别克》以及其他史诗和大量的柯尔克孜族民歌。他演唱的史诗长度总计3万余诗行。他唱腔圆润，吐字清晰，表情丰富，在当地拥有广泛的听众和影响力，他的很多演唱录音资料在当地广泛传播，对年轻玛纳斯奇产生了很大的影响。

曼别特阿勒·阿拉曼

21世纪以来，他所演唱的内容得到录音和录像，大部分视频资料均收藏在中国社会科学院民族文学研究所资料室和文化部非物质文化发展中心。家中，他的孙子埃散阿勒·阔坡鲁柯能演唱

《玛纳斯》的若干章节。1992年，他获得新疆《玛纳斯》工作领导小组的荣誉证书。2007年，他获得中国社会科学院民族文学研究所和克孜勒苏柯尔克孜自治州文联的表彰，获得一等奖。

萨尔塔洪·卡德尔（1941—2014）

当代玛纳斯奇。1941年出生于乌恰县黑孜苇乡。牧民。萨尔塔洪·卡德尔从小就在《玛纳斯》演唱传统比较丰厚的地区长大，父亲是一位《玛纳斯》爱好者。他从小就喜欢聆听《玛纳斯》演唱和其他口头民间文学作品，从9岁开始跟随祖父伽曼塔依学唱《玛纳斯》史诗，并且凭借自己的天赋很快掌握了史诗的很多片段。后来又从一位名叫提兰的木匠以及当地其他民间艺人口中学会了大量的民歌和《库尔曼别克》等其他一些柯尔克孜族民间史诗的演唱。他的演唱神声并茂，富有感染力，得到当地人们的喜爱。

20世纪70年代开始，他的名字就逐渐开始被国内外《玛纳斯》研究学者们所关注。他不仅能够演唱《玛纳斯》史诗第一部、第二部的许多传统章节，而且还能演唱《库尔曼别克》等柯尔克孜族其他一些传统史诗。1989年德国波恩大学教授曾从他口中记录下史诗《库尔曼别克》，并被译成英文。1992年8月，曾参加在阿合奇县召开的新疆首届《玛纳斯》演唱会，曾获得新疆《玛纳斯》工作领导小组的荣誉证书。1994年9月参加在乌鲁木齐召开的《玛纳斯》史诗国际学术研讨会，2005年10月出席由克孜勒苏柯尔克孜自治州召开的《玛纳斯》国际学术研讨会。2006年被认定为国家级非物质文化遗产传承人。曾任克孜勒苏柯尔克孜自治州文联副主席，新疆民间文艺家协会会员。

萨尔塔洪·卡德尔

第七章
柯尔克孜族人物谱

在漫长的民族发展史上，有多少英雄豪杰在民族生死存亡的危难关头挺身而出，有多少优秀儿女为民族的发展繁荣贡献了自己的智慧、才能乃至生命。他们是民族的骄傲，是柯尔克孜族过去和未来的精神桥梁。

古代杰出人物

失钵屈阿栈

唐代黠戛斯君主“阿热”。632年（贞观六年），唐朝派王义宏出使黠戛斯。643年（贞观十七年），黠戛斯派使至唐，双方关系开始密切。646年，唐朝与铁勒诸部灭掉薛延陀汗国，并于漠北设立燕然都护府以及许多都督府、州府以统帅之。根据《新唐书》记载：648年，黠戛斯首领埃利发失钵屈阿栈亲身至唐。唐太宗很重视，设宴欢迎。在宴会上对大臣们说：“往渭桥斩三突厥，自谓功多，今埃利发在席，更觉过之。”失钵屈阿栈对唐太宗说：“臣即一心归国，望得国家官职，执笏而已。”于是唐朝乃以黠戛斯地区为坚昆都护府，以失钵屈阿栈为右屯卫大将军，兼坚昆都督，隶属燕然都护府。从而黠戛斯地区正式列入唐朝版图。“埃利发”本为突厥汗国官名，参与评议国家大事，或以此官册封属国郡王。突厥汗国在征服黠戛斯之后，册封黠戛斯君王为“埃利发”。失钵屈阿栈于唐朝和好后，取消之。他的出使大大巩固和发展了黠戛斯与唐朝之间的友好关系。

巴尔斯别克（巴而思匐）

生年不详，卒于711年。唐代黠戛斯可汗。8世纪为叶尼塞柯尔克孜族人统帅。为了抗击第二东突厥汗国的入侵，曾派出使臣前往吐蕃进行联络。他还于711年试图联合突骑施首领攻打第二东突厥汗国，但被对方察觉而提前下手，巴尔斯别克也在战斗中牺牲。根据《暾欲谷碑》《阙特勤碑》《毗伽可汗碑》等碑铭中都提到后突厥、第二东突厥汗国袭击黠戛斯的战事，但到底是一次袭击还是多次袭击，还无法考证。在著名的古突厥碑铭《阙特勤碑》中这样记载：“他原为虎官，我们在这里给予了可

巴尔斯别克 ▶

汗称号，并把我妹公主嫁给了他。他们自己做错了事，其可汗死了，其人民成了奴婢。为了不要让曲漫地方没有主人，我们来整顿阿热和黠戛斯人民。我们打了仗，又把国家交给了他们。”这说明后突厥汗国设法通过联姻的方式拉拢巴尔斯别克，但是这个目的却没有达到。这也从另一方面说明，当时居住在米努辛斯克地区的柯尔克孜人是一个相对独立的汗国，其可汗“匐（beg）”也拥有很大的威望。

骨笃禄毗伽可汗

唐代黠戛斯可汗，并任坚昆都督右武卫大将军。唐开元六年（718），唐朝派出30万大军进讨后突厥，骨笃禄毗伽可汗也率部参加战斗，帮助唐朝征服后突厥。由于作战威猛，战功显赫，战后，唐玄宗在诏书中夸耀骨笃禄毗伽可汗所率黠戛斯军队的军威说：“弧矢之利，所向无前。”

马黑麻·柯尔克孜

明代天山吉尔吉斯人的首领。16世纪初，中亚主要是蒙兀儿斯坦与乌兹别克诸部建立的昔班尼汗国之间的纷争，柯尔克孜族站在蒙兀儿斯坦一边反对昔班尼汗国。但蒙兀儿斯坦内部也矛盾重重，柯尔克孜诸部往往被卷入诸派系的势力冲突之中。1514年，赛义德建立叶尔羌汗国。在汗国建立过程中，马黑麻·柯尔克孜战功卓著，获得赛义德赏识，并被指定为柯尔克孜人首领。不久，马黑麻·柯尔克孜与赛义德产生矛盾。1517年，赛义德率军从喀什噶尔出发征讨马黑麻·柯尔克孜，后者战败成为俘虏。赛义德军队掠夺了其故乡。1522年，赛义德出征讨伐乌兹别克。这支军队名义上的统帅是赛义德的儿子拉失德速檀。马黑麻·柯尔克孜也被释放，并作为柯尔克孜人的异密尔随军前往，柯尔克孜人大部分归属于他。拉失德速檀也留在科尔克孜。1524年，赛义德在一次与马黑麻·柯尔克孜反目，把他住起来，送往喀什噶尔。原因是他又有谋反的意图，意欲逃往乌兹别克。这一举动激怒了柯尔克孜人。赛义德派人对柯尔克孜人进行安抚，却不能平定柯尔克孜人。他们纷纷逃往哈萨克汗国的塔希尔汗，只有少数留了下来。这一年底，塔希尔从乌兹别克斯坦退到蒙兀儿斯坦，柯尔克孜人有一半归属于他。拉失德速檀惊慌失措，逃往阿忒八失（今吉尔吉斯坦阿特巴什），赛义德父子对马黑麻·柯尔克孜的信任导致了哈萨克人与柯尔克孜人之间的联合，威胁着喀什噶尔，并最终使蒙兀儿斯坦内部产生分裂。

近代杰出人物

车里克齐

车里克齐，又译作“齐里克齐”，生卒年不详。清代柯尔克孜族萨尔巴噶什部落最大的头领，清王朝与柯尔克孜族的友好使者。

1758年夏天，定边将军兆惠、定边右副将军富德率清军追歼准噶尔叛军的残余势力，到了东布鲁特游牧之地，长期受准噶尔贵族欺凌的柯尔克孜族兴高采烈，热烈欢迎清朝军队的到来。东布鲁特的萨雅克、萨尔巴噶什两部落人众表示愿意归属清朝。车里克齐、舍尔伯克、图鲁起拜、尼沙等部落头人，“献牛羊百头，谒见军门”。清廷准其进京入觐。舍尔伯克是玛木特瑚里的弟弟。

玛木特瑚里是东布鲁特享有崇高威望的长者，当时已90岁高寿，身体肥胖，行动不便，因此派遣其弟舍尔伯克与车里克齐一起入京朝觐。清朝官员对此很重视，专门派遣侍卫官乌勒登伴送。一行人沿途受到了很好的款待。“行至巴里坤、肃州等处，俱著优如宴赉”。1758年秋末冬初，车里克齐住在承德避暑山庄和北京。当时与车里克齐在一起的使臣还有图鲁起拜、尼沙、舍尔伯克、舒库尔和诺起等。乾隆皇帝在承德避暑山庄和北京依次接见了布鲁特入觐者，并赐宴和让其从观。其中车里克齐受到一些较为特殊的待遇。

当车里克齐、图鲁起拜、尼沙三人到达承德后，“诏扈木兰行围，赐宴万树园，观灯火”。乾隆还专门为此作了一首《万树园宴布鲁特即席得句》的诗。九月十四日，乾隆皇帝在避暑山庄的澹泊敬诚殿接受了车里克齐等人的朝见。十月四日，车里克齐等在京城的柯尔克孜族头领们对朝廷提了一个要求，大意是：特穆尔图淖尔（今伊塞克湖）是他们从前放牧之地，现在恳求朝廷赏赐归还给他们游牧。乾隆皇帝当时做了回答，大意是：那里虽然从前曾是你们的放牧之地，但被准噶尔占领的时间很久了，已不属于你们的了。如今你们已臣属朝廷，可以考虑将能放牧的地方适当地划给你们一些，以解决生计问题，但这件事要等到将军大臣们查实上奏之后才能决定。乾隆即刻谕兆惠，具体处理。确定的原则是：伊犁附近的土地以及可以屯垦种粮的土地，不能轻易划作牧场；只能在现有游牧之地附近能够放牧的地方，适当划分，并且要划定边界。十月五日，乾隆帝御太和殿，让车里克齐等随班行礼。十月十日，乾隆帝御太和殿视朝，再次让车里克齐随班行礼。当车里克齐等柯尔克孜人入觐完毕正在归途之中时，收到乾隆皇帝专门给车里克齐写的敕书。针对喀什噶尔大、小和卓叛乱，乾隆帝在敕书中讲，你们部落出兵与否无关紧要，但如果有叛乱逃往那里，则要将首恶查拿缚送。车里克齐接敕书后表达，回到部落一定量力而行，如果布拉尼敦、霍集占逃到他们那里，一定捉拿缚送。

兆惠

1765年，乌什人民在赖黑木图拉的领导下发动武装起义，杀死清朝驻军将领及阿奇木伯克，占领了县城。他们的领导人害怕抵挡不住清军的镇压，派一个叫巴布敦的人和一个安集延的商人带着书信和礼物走小路到浩罕去求援。在经过布鲁特地区的时候，制造谎言，说各个维吾尔城市都已背叛清朝，想用这种方式煽动布鲁特人民起来同他们一起造反。但是正在这个时候，伯克噶岱默特派遣部属到了布鲁特的额德讷、萨尔巴什部落，向他们宣布说，除乌什而外，其他城市都平安无事。这就稳定了布鲁特的人心。于是布鲁特萨尔巴噶什头领率车里克齐就把巴布敦抓起来送到喀什噶尔杀掉。车里克齐因此而得到了清朝的奖励。

在清王朝平定准噶尔和大小和卓叛乱、统一新疆的那段时间里，车里克齐与其他柯尔克孜头领一道，一直是臣属清廷的。

阿济比

西布鲁特额德格纳部落首领。1759年，大小和卓逃到巴达克山，布鲁特为清军做向导，乘胜追击。这年秋天最终平定叛乱。阿济比代表西布鲁特十五部向清军将领兆惠表示归顺。根据《西域图志》记载他在给兆惠的信中称："今将军自喀什噶尔传谕我部，颁给文印，谨已奉到，不胜踊跃，适慰心想，当率诸部，自布哈拉以东二十万之众，皆作臣仆。"从此，浩罕国以东、伊犁西南、喀什噶尔西北等均归清朝管辖。阿济比归顺清朝，其任职仍旧不变，清廷允许其仍在原领地草原自由放牧，不征收土地税，其在疆内进行贸易，税率比内地商人减少三分之一，以示优惠。每年向清廷进献一定数量的马匹，清廷回赠一定数量的绸缎羊只。1762年，浩罕汗国侵占阿济比所属的额斯等领地，清朝知道后，令驻守新疆的尚书永贵等派人去劝导浩罕首领额尔德尼，要他交还侵地，此事得以解决。阿济比曾两次遣使进京，均受到清廷的优厚奖赏。

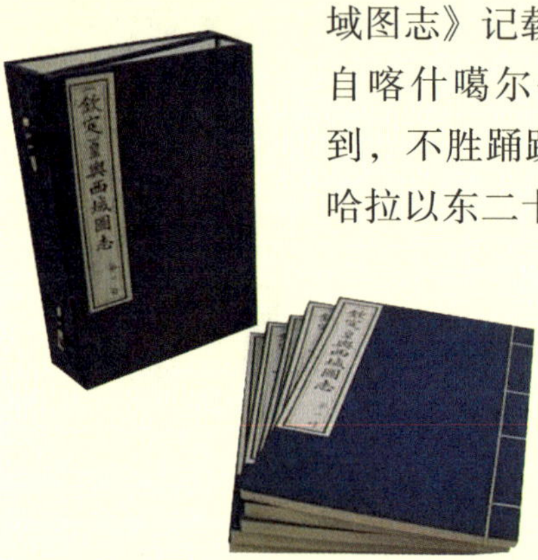

《钦定皇舆西域图志》书影

思的克

又称思的克伯克。柯尔克孜族克普恰克部落19世纪间的封建主，生卒年不详。1864年新疆各地各族人民举行反清起义。7月，新疆喀什白山派宗教首领托合提·玛木提·艾莱姆趁农民起义之机，率部占领喀什。在浩罕汗国支持下，思的克为了扩大自己的势力范围，聚集一部人马，率军从英吉沙的阿克陶村向喀什噶尔进攻，结果推翻托合提·玛木提政权，自己登上王位。之后，他为了巩固和扩大影响，与喀什回族封建主金相印一起，派人去浩罕邀请大和卓勃罗尼杜之后裔布苏鲁克。结果于1865年1月，使得阿古柏与布苏鲁克在浩罕搜罗一批歹徒侵入我国境内。思的克将布苏鲁克引入喀什，但对阿古柏的入侵却很不满，并在喀什与阿古柏展开激战。思的克势单力薄兵败逃往现阿克陶附近的故乡帕拉吉。阿古柏占领了喀什噶尔城。思的克十分后悔向浩罕人求援，又不甘心失败，于是又结集六七千人的队伍向阿古柏展开反击，但再度失败，其故乡也被阿古柏占领。思的克在英吉沙、阿克陶一带又一次组织一支以柯尔克孜族人为主的队伍，并修建城堡，与驻英吉沙的清军密切配合，与阿古柏形成对峙。在与阿古柏入侵者的多次战斗中终因寡不敌众而失败，并弃城而逃山中，不久去世。在阿克陶境内至今有一座被称“思的克古城”的遗址，记录着他反抗阿古柏侵略军的历史。

毛勒多尼亚孜

19世纪柯尔克孜族书面文学奠基人之一。1862年出生于吉尔吉斯斯坦奥什市。曾在喀什一所宗教学校学习，通读许多宗教及东方文学著作。作品中表述发生在费尔干纳、楚河、喀什噶尔、塔拉斯、纳伦等地历史事件的内容占很大比重。诗人以一位中亚历史变革见证者和参与者的身份，创作出了许多结构宏大，艺术性感染力极强的长诗《纳斯亚特（醒世警言）》。这一时期正是柯尔克孜族参与浩罕汗国的政治生活并在其中发挥重要作用的时期。因此，毛勒多尼亚孜在作品中对浩罕官吏的惨无人道，对大臣们的罪恶行径和人们的传统道德、民俗民风、社会状况进行了比较细致的描述，同时也歌颂了人民反抗浩罕统治的英雄业绩。毛勒多尼亚孜被称为19世纪的一位战斗诗人，他约有360页的手稿留存于世，手稿中包括《纳斯亚特》《达特卡伊木》《阿凡蒂姆》《萨纳特迪噶尔》《克姆恰别勒》等在柯尔克孜族中间具有很大影响的长诗。毛勒多尼亚孜作为一位具有抗争精神的诗人，虽然生活在宗教氛围甚浓的环境中，但他对宗教生活并不十分热情，创作出了许多充满现实主义精神的具有浓厚生活气息、语言简明、叙述真实，充满抒情和反抗意识的诗歌。

奥斯曼阿勒·思迪克

出生于今吉尔吉斯斯坦比什凯克，逝世于新疆特克斯县。柯尔克孜族近现代著名史学家、诗人。为求学曾多次奔波于新疆乌什及中亚各文化名城之间。青年时期到当时中亚的文化中心之一乌发城学习文化历史知识，并于1911年着手撰写《穆合塔萨尔柯

奥斯曼阿勒·思迪克

尔克孜史》一书。他根据自己多年调查记录的有关柯尔克孜族部落史资料，并参考当时自己阅读过的文献和资料，全身心地投入到撰写之中。书稿完成后，甚至变卖自己的全部牲畜和家产，于1913年自费出版了书稿。后来又不断地甄别新搜集的部落史资料，并收入自己创作的一些诗歌，1915年于乌发出版了另一本《夏德玛尼亚》。为了完成这部著作，他曾在喀什噶尔生活8个月时间，记录下了中国境内柯尔克孜族的生活状况、部落分布、经济文化等内容。他的这两部著作于1986年由新疆青少年出版社出版。正像柯尔克孜族历史学家安尼瓦尔·巴依吐尔在序言中所指出的那样："作者所使用的是一直延用到20世纪初的察合台文写成……这两著作中穿插的330多行诗歌毫无隐瞒地揭示了当时柯尔克孜族部落四分五裂、唯我独尊及各部落之间流血冲突，柯尔克孜族在文化方面落后，在社会生活方面愚昧无知等多方面的问题，并根据自己的观点将这些问题的主要起因进行综合总结，从而号召柯尔克孜族人民积极学习科学文化知识，摆脱愚昧。"显而易见，奥斯曼阿勒·思迪克的著作具有历史、语言、文学、民俗等多方面的研究价值，是研究柯尔克孜族近代历史文化的一笔重要财富。1920年至1928年，奥斯曼阿勒·思迪克在比什凯克的一所塔塔尔学校教书，1931年以莫须有的罪名被捕入狱。后来，他成功越狱，并从比什凯克逃亡到我国特克斯县避难，并在当地定居娶妻生子，直至去世。

博霍依

博霍依，生卒年不详，为清代雍正年间喀尔喀三音诺颜厄鲁特旗札萨克多罗郡王色布腾旺布管辖的柯尔克孜族酋长，是雍正十一年迁入黑龙江的柯尔克孜族首领。生卒年不详。雍正九年（1731）噶尔丹率兵东进时喀尔喀诸部及多罗郡王色布腾旺布管辖的厄鲁特旗人纷纷南迁，早就想脱离苛捐杂税的博霍依乘机组织属下200余户柯尔克孜族人向西北方向迁徙，到达特斯河流域游牧。特斯河相距宗主部所在地喀拉喀河4 000余里，可以说相对独立。于是，清朝派出守边的靖边大将军锡保下令给色布腾旺布，要求派人将这批西迁的柯尔克孜族人接回。尽管有清兵护送，这些柯尔克孜族人表示不愿意迁往色布腾旺布管辖地居住，想方设法四处逃跑。锡保等人无奈，只好向上禀告。于是，雍正十年（1732），雍正下诏令，将这批以博霍依为首的柯尔克孜人于1733年，分三批强行迁到黑龙江齐齐哈尔附近地区，并安置在齐齐哈尔、墨尔根、黑龙江三城。首领博霍依和巴岱在无奈的情况下，带领200余户男女老少，从叶尼塞特斯河出发，由西向东，沿着杭爱山北麓，途经三音诺颜部、土谢图汗部，路过呼伦贝尔，从春天到夏天，顶风冒雨，连饥带饿，历经3个多月的跋涉，终于抵达齐齐哈尔，路上死去了很多老人和孩子。黑龙江将军那苏图安抚百姓，办理安置事宜，在首领博霍依的交涉下，每人发给一定银两和粮食，按旗人待遇进行安置。年轻人编入清军八旗，披甲当兵，博霍依被任命为正黄旗佐领。

东迁酋长
博霍依

现当代杰出人物

伊斯哈克伯克·穆努诺夫

伊斯哈克伯克·穆努诺夫（1902—1949），柯尔克孜族军事家。1902年出生在新疆乌恰县吉根乡斯木哈纳村一个贫苦的牧民家庭。自幼勤学好问，少年时曾随父去俄国中亚地区经商，俄国十月革命给了他深刻的影响。生前是三区革命主要领导人之一，民族军最高司令官。1918年16岁时因见多识广，为人忠厚，被推选为部落首领。1928年到苏联伏龙芝（今比什凯克）学习。回国后，任边卡队文书，后被任命为排长。1934年2月英帝国主义支持的沙比提大毛拉在喀什建立的所谓“东土耳其斯坦国”失败后

伊斯哈克伯克·穆努诺夫

逃离喀什，其“国防部长”乌拉孜伯克率部分残匪逃向乌恰山中，占山为王，横行掳掠，继续残害人民。面对复杂的形势，伊斯哈克伯克于1935年初组建正规部队第一团，受任团长，进驻喀什，负责南疆一带的治安。不久又招募2 000多人入伍，组建了第二团，升任旅长。在苏联顾问的指导下，为部队制定了严格的纪律，以良好的政治素质和较强的战斗力，成为维护南疆社会安定的重要力量。

在南疆形势基本安定之后，盛世才唯恐其力量壮大，不好控制，于是通过“新疆陆军点编委员会”下令解散伊斯哈克伯克旅，任命伊斯哈克伯克为乌恰设治局局长。他不计个人得失，一心搞好家乡建设，为改变柯尔克孜族文化教育事业落后的面貌，做出了重要贡献。1937年，麻木提、马虎山相继在和田、喀什发动叛乱，南疆形势极其混乱。为平息南疆叛乱，盛世才重新起用伊斯哈克伯克，重建伊斯哈克旅。伊斯哈克伯克带领队伍彻底消灭叛军，顺利平息了马虎山及麻木提部队的叛乱。南疆安定以后，盛世才开始清除不属于自己心腹的军政界人物。他多次电招伊斯哈克伯克赴迪化，解除伊斯哈克伯克的旅长职务，任哈萨克柯尔克孜文化促进会会长。伊斯哈克伯克上任后把文化促进会的工作搞得有声有色。1943年初，他获悉盛世才要对他下毒手，于是途经伊犁，离国赴苏。盛世才知道后派人将其家眷押往迪化监狱，受尽屈辱和磨难。伊斯哈克伯克忍受巨大痛苦，一边对蒲犁、乌恰等地的民族武装加以指导，一边在苏联支持下将逃往该地的200多人召集起来，进行政治和军事训练，做好起义准备。1944年10月初，与巩哈县游击队负责人法提赫共商起义大计，决定在巩哈发动起义。10月5日，巩哈县游击队和群众共1 600余人聚集乌拉斯台山举行起义，向县城发动攻击。经27小时的激战，守军投降，起义军占领了巩哈县城。11月16日，伊斯哈克伯克率领一营骑兵赶至伊宁，参加围攻艾林巴克等国民党军队据点的战斗。

1945年4月8日，新疆三区民族军正式成立，伊斯哈克伯克被任命为第一骑兵旅旅长，授予少将军衔。民族军三线出击，重点是中线战场，攻打乌苏和精河。伊斯哈克伯克直接指挥精河战役。他抓住有利战机，集中所有兵力向精河发起全面攻击，取得精河、乌苏战役的胜利。之后，“三区”临时政府任命其为南线武装斗争总指挥，率领民族军到蒲犁，进行游击战争。1945年9月中旬，游击队向蒲犁国民党发起攻击，占领蒲犁。1945年10月8日，临时政府表彰伊斯哈克伯克“不仅是革命的热心参加者，而且是天才的指挥者，表现了令人敬叹的勇敢”并授予其中将军衔，担任民族军总指挥，成为“三区”最高军事长官。

1945年10月14日，国民党代表张治中抵达新疆。“三区”政府代表与国民党代表进行和平谈判。1946年7月1日，新疆成立联合省政府，伊斯哈克伯克就任省政府委员兼保安司令部副司令。1949年8月1日，伊宁市成立新疆保卫和平民主同盟，他担任中央委员、组织委员会委员。1949年8月27日，伊斯哈克伯克等三区革命的主要领导和迪化“战斗社”负责人罗志应毛泽东主席的邀请，前往北平参加第一届全国人民政治协商会议，经苏联外贝加尔山，因飞机失事不幸遇难，享年47岁。毛泽东主席获悉噩耗，于10月22日发唁电，深切悼念。中华人民共和国成立后，新疆人民政府在伊宁市修建革命烈士陵园，安葬遇难烈士。烈士陵园纪念碑上镌刻着毛泽东主席的悼词：“为民族解放和人民民主事业而牺牲的阿合买提江·卡斯木同志、伊斯哈克伯克·穆努诺夫同志、阿不都克里木·阿巴索夫同志、达里列汉·苏古尔巴耶夫同志、罗志同志的精神永垂不朽！”伊斯哈克伯克作为三区革命主要负责人之一，为新疆的稳定和平解放做出了不可磨灭的贡献。

阿不都卡德尔·托合塔诺夫

阿不都卡德尔·托合塔诺夫（1916—2002），语言学家，长期从事教育工作。新疆乌恰县人。1937年毕业于苏联塔什干中亚细亚大学，20世纪40年代，在苏联学者伊先阿勒·阿拉巴耶夫创制的字母基础上制定了以阿拉伯文字母为基础的柯尔克孜文。为了推广使用这种文字，他编写了《柯尔克孜文字母读本》和《柯尔克孜语基础语法》，同时编写了柯尔克孜文课本，在南疆各柯尔克孜族中小学推广使用。1938年编写的短剧《少女的命运》在喀什柯文会文工队演出，是中国柯尔克孜族第一部戏曲作品。1945年8月

阿不都卡德尔·托合塔诺夫

到1950年1月任乌恰县副县长。1951—1954年，在喀什师范学校任教期间编写了柯尔克孜族初中课本《柯尔克孜语语法》，在南疆各地柯尔克孜中学中推广使用，1950年在新疆省人民政府任调研室主任，1950—1951年任喀什行署秘书室主任。1954年，任克孜勒苏柯尔克孜自治州人民委员会秘书长兼文教科科长，积极筹建自治州柯尔克孜中学。1957—1963年，受聘到中央民族学院任教。1963—1965年期间，从事史诗《玛纳斯》及其他柯尔克孜民间文学的搜集、整理、翻译和研究工作。1980年创作话剧《婚礼之前》，并被搬上舞台演出，受到观众的好评。他负责编写的《柯尔克孜语词法》《柯尔克孜正字法》《浅谈词法学》等书被列为中央民族学院柯尔克孜语进修班教材。此外，他还先后发表大量的小说、散文以及有关柯尔克孜族民间文化、语言文字等方面的学术著作。与人合作编写的电影剧本《阿克莱》由天山电影制片厂改名为“冰山脚下”拍摄，这是我国目前唯一一部反映柯尔克孜族生活的影片。其作品和学术著作汇集成册，已经由克孜勒苏柯尔克孜族文出版社出版发行。

玉赛音阿吉·吾色克毛拉

玉赛音阿吉·吾色克毛拉（1919—2006），社会活动家、学者、宗教人士。阿合奇县哈拉奇村人。精通阿拉伯、波斯和突厥语族各民族语言，对《古兰经》以及伊斯兰哲学、道德、教法和柯尔克孜族历史文化均有较深的研究。

玉赛音阿吉·吾色克毛拉

1936年，曾在阿克苏师范学校上学，1940年在阿合奇柯尔克孜文化促进会任会计兼管教育，并开始潜心研究柯尔克孜族历史文化。在新疆反帝会领导下，他曾积极参加抗日救国宣传运动，深入农村牧区开展募捐活动，在家乡一次募集捐资60只羊，13峰骆驼，以柯尔克孜族名义委托新疆反帝会转交抗日前线战士。1953年任阿合奇县哈拉奇乡乡长，1956年调入克孜勒苏柯尔克孜自治州文字改革委员会工作。1959年被选为克孜勒苏柯尔克孜自治州政协副主席。在任职期间，仍积极参与柯尔克孜文字改革推广工作，并于1961年、1964年先后两次参加《玛纳斯》史诗的搜集翻译工作，与郎樱合作翻译过艾什玛特·玛买特居素普的唱本。1962年到北京中国伊斯兰教经学院学习，1965年毕业。在校期间，他系统学习了有关宗教、民族学、政治、哲学理论，并联系新疆社会历史发展实际，撰写了《伊斯兰教在新疆的发展》等论文，对伊斯兰教在新疆的传播、发展以及对新疆社会、历史、文化的影响，作了较全面的分析。他出版和发表的学术著作还有《柯尔克孜史话》（克孜勒苏柯尔克孜文出版社1989年版）、《柯尔克孜历史研究》（新疆人民出版社1997年版）及其他学术论文、诗歌、回忆录等共60多篇。其中有一些论文用吉尔吉斯文、维吾尔文、汉文等发表。此外，他还是《古兰经》柯尔克孜文译注者。由他翻译注释的《古兰经》柯尔克孜族文版于2003年由民族出版社出版。1978年当选为第五届全国政协委员，并连任第六、七届全国政协委员。曾三次赴阿拉伯各国参加朝觐和宗教学术交流活动，曾担任中国伊斯兰教协会副会长、新疆伊斯兰教协会副会长、新疆伊斯兰教经学院副院长等职务。

阿曼吐尔·巴依扎克

阿曼吐尔·巴依扎克（1919—1981），昭苏县切格尔提村人。1942—1944年在伊宁市斯大林中学任高中教师。1944年参加三区革命，曾任民族军骑兵团参谋、参谋长、代团长。1950年加入中国共产党，历任中国人民解放军第五军第十三师三十七团团长，新疆军区司令部军训处副处长。1954年2月，参与筹建克孜勒苏柯尔克孜自治区。1954年7月任克孜勒苏柯尔克孜自治州党委副书记，1955年6月任克孜勒苏柯尔克孜自治州党委第三书记，1956年10月任新疆维吾尔自治区监察厅厅长、党组书记，自治区教育厅厅长、党组书记。1957年4月任新疆维吾尔

阿曼吐尔·巴依扎克

自治区党委常委。1976年3月任新疆维吾尔自治区政协副主席，新疆医学院院长、党组副书记，中国共产党第八次全国代表大会代表、新疆维吾尔自治区第一至第六届人民代表大会代表，新疆维吾尔自治区第五届、第六届人大常委会副主任。阿曼吐尔·巴依扎克不仅是柯尔克孜族著名的社会活动家，同时也是一位诗人，曾任新疆作家协会理事。1952年开始文学创作，部分诗作被收入1957年出版的柯尔克孜族多人诗歌集《初次的歌》，1962年出版的《凯尔麦套》中再次收入他的多篇诗作。20世纪60年代，用维吾尔文在《新疆日报》《塔里木》等刊物上发表了大量作品。1984年，第一个诗集《生命之路》出版，其中收入其代表性诗歌数十篇。1996年，由他搜集整理的民间谚语、谜语、格言、绕口令以及民歌等曾汇集成册作为柯尔克孜族民间文学丛书之五，以《语林汇萃》之名由新疆人民出版社出版。他还从1982年至1989年担任新疆维吾尔自治区《玛纳斯》史诗工作领导小组组长，为组织我国《玛纳斯》史诗的搜集、整理、出版等做出很大贡献。

买买提艾沙·阿依白尔迪

买买提艾沙·阿依白尔迪（1916—1971），阿克陶布伦口人。1945年8月参加蒲犁革命，曾先后担任副团长、解放委员会委员、副军事总监等职。1947年4月被国民党当局逮捕入狱，1949年4月释放。新疆和平解放后当选为新疆省人民政府委员，并担任自治区交通厅副厅长。1950年任新疆省人民政府民族事务委员会委员，1951年8月任喀什行署副专员。1954年2月，任柯尔克孜区域自治筹委会主任，同年7月，当选克孜勒苏柯尔克孜自治州州长，并加入中国共产党。1965年8月，任政协新疆维吾尔自治区委员会副主席。1971年病逝。在担任柯尔克孜区域自治筹委会主任期间，对柯尔克孜区域自治的各项重大问题，如自治地方的行政区划、民族组成、自治地方的名称、干部比例等一系列重大问题进行了深入细致的调查研究，广泛征集和听取各族群众的意

买买提艾沙·阿依白尔迪

见，进行充分的协商，足迹遍及柯尔克孜族聚居区的山山水水，为筹备自治州的成立做了大量的工作。作为克孜勒苏柯尔克孜自治州的第一任州长，为自治州的各项建设做出了卓越的贡献。50年代，组织由阿不都卡德尔·托合塔诺夫等5人组成文字研究会，对柯尔克孜文进行改革，编写柯尔克孜文正字法、语法等教材，在柯尔克孜族中使用，对柯尔克孜族文字的统一、规范化做出了贡献。1956年，亲手创办柯尔克孜族有史以来第一所中等师范学校，校址设在柯尔克孜自治州的首府阿图什。这所学校为自治州的教育事业输送了大量人才。随后，他又着手进行柯尔克孜文版《克孜勒苏报》的筹建工作，1957年1月1日，柯尔克孜文版《克孜勒苏报》创刊。从此结束了克孜勒苏柯尔克孜自治州无报纸的历史。他督促指导，成立了柯尔克孜族第一个专业文艺创作、表演团体——自治州文工团，并很快将千百年来流传在柯尔克孜族民间的叙事长诗《阿克萨特肯》搬上舞台，受到各族人民的赞誉。他重视培养选拔民族干部，对克孜勒苏柯尔克孜自治州的农田水利区建设、牧区的草场建设、居民点建设和自治州的道路、水利等都常抓不懈，大大改善了自治州农牧业的生产条件，促进了农牧业的快速发展。20世纪50年代，在建设被赞誉为“帕米尔高原上的明珠”的新兴工业重镇康苏中，也洒下了不少汗水。

夏尔西别克·斯迪克

夏尔西别克·斯迪克（1925—2005），新疆特克斯人。1944年参加三区革命。1950年加入中国共产党。1946年在三区革命军特克斯第二骑兵团任连长。1949年在三区革命军第一骑兵团任营长。1949年至1955年在独立骑兵团、伊犁四十二团任副团长。1955年至1956年在新疆维吾尔自治区人民政府交际处任副处长。1956年至1972年在自治区任农垦厅副厅长、党组书记。1972年至1982年任自治区农牧委副主任。1978年至1982年任自治区政协副主席。1982年至1987年同时兼任新疆生产建设兵团副司令。1984年至退休担任自治区人大常委会副主任。长

夏尔西别克·斯迪克

期担任新疆《玛纳斯》史诗工作领导小组组长，中国《玛纳斯》研究会会长，新疆《玛纳斯》史诗编辑委员会主任，新疆柯尔克孜语言文学历史学会会长等。在组织领导中国柯尔克孜族史诗《玛纳斯》的搜集、整理、出版、研究、国际交流方面做了大量的工作，由于在我国柯尔克孜族《玛纳斯》史诗搜集、出版、抢救方面做出突出成绩而受到文化部、国家民委的表彰。他在三区革命时期以作战勇敢、机智而受到多次表彰，于1950年还曾获得西北军政委员会授予的“人民功臣”“解放西北”等勋章。

买买提·吐鲁米西

买买提·吐鲁米西（1929—2005），新疆阿合奇县色帕巴依乡人。柯尔克孜族著名的考姆孜琴弹奏家、作曲家。曾为中国音乐家协会会员，新疆音乐家协会常务理事，并担任克孜勒苏柯尔克孜自治州音协主席，国家二级作曲。还曾担任新疆维吾尔自治区政协委员，克孜勒苏柯尔克孜自治州政协常委等职。1990年2月任阿合奇县政协副主席。1953年起曾先后在新疆阿克苏地区文工团、喀什地区文工团、克孜勒苏柯尔克孜自治州文工团担任考姆孜弹奏员。1972年调入阿合奇县文工团。一生从事音乐创作和演出活动，是柯尔克孜族有名的“考姆孜奇”，即考姆孜琴弹奏家。他创作有许多脍炙人口的考姆孜琴弹奏曲和歌曲，共计约150首。其中，主要作品有《草原上的百灵鸟》《忧郁的歌声》《灰走马》《黎明百灵鸟》《愿望》《织布舞曲》《骏马》《辽阔草原》《夜莺》等。他还培养弟子上百人，至今活跃于克孜勒苏的舞台上。在他的众多考姆孜弹奏曲目中，《草原上的百灵鸟》《忧郁的歌声》曾分别获得1955年自治区作曲比赛二等奖和1979年全国少数民族作曲比赛二等奖。他创作的《黎明百灵鸟》《愿望》《怀念周总理》也曾先后在自治区举办的文艺大赛上分获一

买买提·吐鲁米西

等奖和二等奖。1981年、1982年他曾作为中国丝绸之路民族音乐舞蹈小组成员出访日本、美国、加拿大等国，以自己悠扬动听的考姆孜琴弹奏赢得了广泛赞誉，国外报刊当时对他进行过大篇幅的报道。日本报纸写道："买买提·吐鲁米西弹奏的考姆孜欢快、明朗、朴实，很接近大自然。"美国报纸赞誉说："正当北美洲天高气爽的秋季，中国丝绸之路音乐舞蹈小组像一片彩云，在美国和加拿大的16个城市洒下缤纷的雨花。"他的作品《灰走马》《织布舞曲》《骏马》《辽阔草原》《夜莺》等也被国外多家电台和广播公司录音或灌制成唱片发行，流传遍布世界。

苏勒坦阿勒·包尔泊多依

苏勒坦阿勒·包尔泊多依（1902—1994），阿合奇县人，1954年参加工作，历任教员、乡秘书、乡干事。1981年3月任阿合奇县人大常委会副主任，1984年任阿合奇县政协副主席。1994年病逝。著有《柯尔克孜族史话》《柯尔克孜族历法》等著作，对柯尔克孜族民间文学、民间文化非常熟悉，是20世纪柯尔克孜族著名的部落史、散吉拉讲述家和故事家。20世纪60年代参加《玛纳斯》史诗的搜集、记录工作。他还曾给工作组讲述过很多关于柯尔克孜族历史、文化、部落史方面的传说故事。陶阳先生在《柯尔克孜族部落史》（克孜勒苏柯尔克孜文出版社2004年版）收入其讲述的《英雄阿吉别克的故事》，他所讲述的大量民间故事、民歌、民间部落传说等还收入《中国民间文学三大集成故事卷·柯尔克孜族卷》中。

苏勒坦阿勒·包尔泊多依

安尼瓦尔·巴依图尔

安尼瓦尔·巴依图尔（1938—1991），柯尔克孜族历史学家。新疆温宿县博孜东乡人。1953年毕业于新疆学院（现新疆大学）历史地理系。同年参加新疆社会科学院新疆社会历史调查组赴柯尔克孜族地区做社会调查。1961年在中央民族学院学习。1962年进中国社会科学院民族研究所工作，开始研究新疆各民族历史，

安尼瓦尔·巴依图尔

曾为中国社会科学院民族研究所副研究员。先后与他人合作撰写《柯尔克孜族简史》《新疆地区与祖国内地》《中国柯尔克孜文学概况》等重要著作。其著作《柯尔克孜族史稿》(柯尔克孜文一册，吉尔吉斯文上下册)、《新疆民族史》等在学术界具有相当大的影响。他还发表有《毛拉穆沙·萨依然米及其名著伊米德史》《略论阿帕克和卓》《察合台文和察合台文献》《柯尔克孜族对祖国统一的贡献》《新疆与内地的历史交往》等论文数十篇。他曾相继用现代柯尔克孜文、维吾尔文翻译了《乐师传》《柯尔克孜族世系》《萨依然米古诗选》《伊米德史》等察合台文重要文献。参与《维吾尔族简史》的修订工作，审订《维吾尔文学史纲要》《维吾尔族历史》(上册)等书籍。在从事科研工作的同时，他还曾多次应邀到中央党校、中央民族学院、中央干部管理学院为新疆各民族干部讲授新疆历史。先后编写了《关于新疆历史的若干问题》(维文)、《研究新时期的民族、民族史的若干问题》等讲义近90万字。在担任新疆古籍整理出版领导小组顾问期间，曾相继在各种会议上，作了题为《关于整理、出版民族古文献的若干问题》《新疆伊斯兰教在信仰和仪式上的特点》《新疆伊斯兰教伊禅派的历史和现状》《柯尔克孜族文学浅谈》《〈福乐智慧〉中有关古代突厥语族天文历法观的记载》等学术报告。1985年当选为新疆柯尔克孜语言文学历史学会副会长。曾先后两次组织柯尔克孜族语文正字法及柯尔克孜英雄史诗《玛纳斯》学术研讨会，主持全国柯尔克孜族阿肯(民间歌手)弹唱会，还组织各地会员对柯尔克孜族的历史、语言、民间文学进行调查，初步建立起学会的资料库。1991年在土耳其讲学期间猝逝。中国政府派专机将其遗体运回故乡乌鲁木齐烈士陵园安葬。生前曾担任中国中亚文化研究学会、中国民族历史研究学会、中国突厥语研究学会、中国古人类研究学会、中国北方民族哲学思想研究学会、新疆宗教研究学会、新疆柯尔克孜族语言文学历史学会的副会长、常务理事、理事、会员等。

吐尔干·伊仙

吐尔干·伊仙（1941—1987），阿合奇县哈拉布拉克乡麦尔凯奇村人。柯尔克孜族当代音乐家。自幼喜爱音乐艺术，在中小学期间就积极参加学校组织的各种文艺活动，并因具明亮的歌喉、优美的舞姿和考姆孜弹奏而声名远播。1959年进入新疆艺术学校音乐系，专攻作曲，主攻手风琴、钢琴，毕业后成为中国柯尔克孜族第一代受过正规音乐教育的音乐创作人才。他深入牧区，搜集记录了著名的民间歌手、民间考姆孜琴演奏家艾萨、别切里、奥姆热坤等的音乐曲目以及大量的民间音乐作品，并从民间汲取灵感，为自己的创作服务。他所谱曲创作的歌曲《你在哪里》《阿勒玛汗》《白羔羊》《我们的草原》《牧羊人的歌》《我们的人民》《我的姑娘》《萨拉姆，北京》《我的喜悦》《咱们的自治州》《毛泽东时代颂歌》《我的祖国》等都是在柯尔克孜族中脍炙人口，至今传唱的经典之作。他的音乐作品具有鲜明的民族特色，有很多作品不仅在我国得到广泛传播，甚至曾在中亚吉尔吉斯斯坦和香港引起巨大反响。1980年香港影业公司拍摄的反映中国少数民族生活的纪录片将他创作整理的乐曲《你在哪里》作为主题曲之一，列入中国少数民族经典乐曲之列。他创作的《绣花手帕》成为我国第一部柯尔克孜族题材影片《冰山脚下》的主题曲。他由于为柯尔克孜族英雄史诗《玛纳斯》片断配曲，并搬上舞台而获得新疆维吾尔自治区文联首届（1977—1982）优秀作品评选荣誉奖。作为新中国培养的第一位柯尔克孜族音乐家，他不仅在作曲方面卓有成绩，而且是柯尔克孜族民族音乐研究的开拓者，撰写发表了许多论文。1985年参加全国第四届音乐家代表大会，同年参加第三届华北音乐节。曾任克孜勒苏柯尔克孜自治州文工团副团长，是中国音乐家协会会员，中国音协新疆分会理事，自治州音乐家协会主席等。

吐尔干·伊仙

艾斯别克·阿比罕

艾斯别克·阿比罕（1942—1996），特克斯县阔克铁列克柯尔克孜民族乡人。柯尔克孜族当代著名作家。曾任中国作家协会会员、新疆作协副主席。1964年毕业于新疆学院（现为新疆大学）文学系。毕业后分配在哈萨克文学刊物《曙光》任编辑。1980年后参与创办《新疆柯尔克孜文学》，并先后担任副主编、主编。其处女作《黑夜里写的信》发表于1964年。此后，他用哈萨克文、柯尔克孜文先后发表《女药剂师》《白隼》《老人的故事》《决定》《马驹在鸣叫》《星星为什么微笑》《没有睡意的夜晚》《骑牦牛的人》《透过云层的月亮》等短篇小说近百篇。

艾斯别克·阿比罕

他的创作以短篇小说见长，其短篇小说内容生动，语言简洁明快，在新疆各民族中广为人知。1986年以后发表《大象的眼泪》等中篇小说和大量的脍炙人口的短篇小说。大量作品被翻译成汉文、维吾尔文、哈萨克文发表，有部分作品还在吉尔吉斯斯坦、日本等国发表。1981年，小说《汗腾格里的女儿》获得自治区优秀文学作品二等奖。论文《关于〈玛纳斯〉的产生和流传》还曾获得新疆社会科学优秀成果论文鼓励奖。他是新中国成立后成长起来的当代柯尔克孜族小说家，是柯尔克孜族新时期文学的代表性人物，为新时期柯尔克孜文学的发展做出过很大贡献。此外，他还曾担任新疆《玛纳斯》编委会副主任等。

萨坎·奥木尔

萨坎·奥木尔（1927—2007），阿图什哈拉峻人。1950年参加工作，中共党员，曾在中共阿图什县党委、县政府办公室供职，后在克孜勒苏报社任编辑、编辑室主任、副译审。曾为中国民间文艺家协会会员、中国社会科学院少数民族文学学会会员，新疆作家协会会员、新疆民间文艺家协会会员，克孜勒苏柯尔克孜自治州作协副主席，新疆维吾尔自治区《玛纳斯》工作领导小组副组长，《玛纳斯》编委会副主任等。

萨坎·奥木尔长期从事文学创作和柯尔克孜族民间文学搜

集、记录、翻译工作，多次参加英雄史诗《玛纳斯》的调查搜集翻译出版工作。用柯尔克孜文、维吾尔文发表长篇小说、中短篇小说、散文、诗歌50余篇，尤以短篇小说见长。其中，短篇小说《分数》《婚礼之后》等获得自治区级文学奖，长篇小说《辉煌的道路》获得中国少数民族文学“骏马奖”。出版有短篇小说集《在凯尔麦陶绿洲》（克孜勒苏柯尔克孜文出版社1987年版），《荣誉》（克孜勒苏柯尔克孜文出版社1992年版），长篇小说《黎明之前》（新疆人民出版社1993年版），中篇小说集《初次的献礼》（新疆人民出版社1994年版），《红花》（克孜勒苏柯尔克孜文出版社1996年版），《辉煌的道路》（新疆人民出版社2006年版）等。除此之外，多次参加《玛纳斯》学术研讨会，发表论文有《柯尔克孜族英雄史诗〈玛纳斯〉》《论〈玛纳斯〉中的“北京”》《论叙事长诗〈江额勒木尔扎〉》《论〈玛纳斯〉中的民族团结》等。由于在《玛纳斯》搜集整理翻译方面的突出贡献，而在1990年、1991年曾分别获得新疆《玛纳斯》工作领导小组以及文化部、国家民委的表彰。

萨坎·奥木尔

曼别特阿散·叶尔格

曼别特阿散·叶尔格，1939年出生于新疆乌什县雅满苏乡。中国柯尔克孜族当代诗人。其诗作以语言流畅优美，内容深刻，富有哲理，具有强烈时代特色和象征性而独树一帜，他自己也因此成为中国当代柯尔克孜族诗人中的佼佼者和领军人物。

他于1955年至1958年在新疆学院学习期间就开始进行诗歌创作，早期诗作《在山坡上》《上学有了希望》《怀念》等收入1957年出版的我国柯尔克孜族第一部诗歌集《初次的歌》。之后的诗作，如《月夜》

曼别特阿散·叶尔格

《母亲的心》《手镯》《在蓝天上》《伟大的长城》《柯尔克孜语》《路》《诗人之心》《凯尔麦套山》《遗产》等都深受读者喜爱，成为柯尔克孜族当代诗歌的名篇。出版有诗歌集《诗人之心》（1986）、《荆棘》（1989）等。在柯尔克孜族诗歌史上，他的叙事诗探索与实践独树一帜，达到一个高度。20世纪80年代，他创作发表了叙事诗《艾尔麦克》《乐曲的魅力》《诗人之心》《正义之花》《鸽子》《雪莲》《东方故事诗》等优秀作品，以其高度艺术性在柯尔克孜族文学中具有开拓性，占有重要位置。《奉献》（1984）、《柯尔克孜族少女》（1983）、《凯尔麦套山》（1984）等长诗以欢快的情调反映新旧时代的柯尔克孜族少女不同的命运以及性格。他根据民间叙事长诗改写的歌剧《库勒穆尔扎和阿克萨特肯》曾于1986年获得新疆维吾尔自治区成立30年文学评奖一等奖。他曾是新疆作协会员，新疆民间文艺家协会会员。诗人的很多优秀作品不仅被译成汉、维吾尔、哈萨克等兄弟民族的语言，而且在吉尔吉斯斯坦文学报刊转载，被吉尔吉斯斯坦文学界及读者评价为中国柯尔克孜族当代最优秀的代表性诗人。

托略克·托略罕

托略克·托略罕，1930年出生，柯尔克孜族当代著名的散吉拉奇和民间文艺家。他最初因能够讲述大量柯尔克孜族历史方面的传说而出名。他演唱的柯尔克孜族民间叙事长诗《阿山卡依戈》《勇士阿依达尔和女英雄萨依卡勒》《汗加纳依和汗卡纳依》《阿勒曼别特的忧伤》等被记录下来。

托略克·托略罕

20世纪初，沙俄统治地区的柯尔克孜族中曾出现阿不勒干哈孜·吐玛尔哈孜、莫勒多·波略特等知名学者。他们凭借自己的才学和智慧在柯尔克孜地区广泛搜集散吉拉资料，并加以整理，准备用4.8万只羊为代价出版《柯尔克孜族散吉拉（部落史）》时，被沙俄政府扣上试图出版“反动书籍”的罪名而遭死刑判决，书稿也遭到焚毁。当时，有一位名叫巴特尔罕的小官吏偷偷带上还没被烧毁的少量资料逃到我国境内，并在铁格烈克躲避近3年。托略克·托略罕的父亲是一名德高望重的长老，他对巴特尔罕尽心保护和关怀，让他住在自己家里热情款待。就这样，巴特尔罕带来的资料都交给托略克的父亲托略罕保管。后来又传给托略克。从小就熟悉东方古典文学并饱受母亲所讲述和演唱的优秀民间文学熏陶的托略克如获至宝，开始如饥似渴地阅读和研究这些资料。

新中国成立后，由于种种历史原因，那些熟知柯尔克孜散吉拉、民间文学的民间文学家们也都不敢公开暴露自己的身份和才学，害怕遭到抨击和迫害。20世纪80年代以后，民间文化遗产才开始得到搜集和研究。克孜勒苏柯尔克孜自治州有关部门把托略克请到阿图什，开始从他口中记录柯尔克孜部落史（散吉拉）资料。最初记录的稿子以“诸汗王的传说”为题送交出版部门。这些资料被认为是托略克所讲述散吉拉的第一部，共分16个大专题，主要描述柯尔克孜古代汗王们的生平事迹。第一个专题《柯尔克孜族的来源》主要讲述与历史十分相符的部落史资料，包括柯尔克孜族的形成，柯尔克孜各汗王们的历史和地理环境、相互之间的关系、后代之间的纷争、各种内忧外患等。在其余一些专题下，除了描述关于汗王的身世和业绩外，还论述和介绍了柯尔克孜族音乐、传说等内容。他所讲述的散吉拉以文学、历史传说的特色见长，并用艺术手法加以渲染。特别是其中囊括的民间故事、箴言、对汗王的哭悼歌及一些民俗事象的来源等传说十分引人注目。有些传说故事与其说是汗王的传说，还不如说是描述汗王英雄事迹的史诗。根据本人的说法，他还能演唱《玛纳斯》史诗的部分章节。他还曾表示要讲述《十八个卡伦的柯尔克孜人》《现代柯尔克孜部落》等内容的史料。近年来，他所演述的民间部落谱系、民间传说、民间史诗均得到记录整理和出版。

布尔玛汗

布尔玛汗，1945年出生，布尔玛汗居住在新疆克孜勒苏柯尔克孜自治州乌恰县吉根乡冬古拉玛山口，“冬古拉玛”意为乱石

布尔玛汗

飞滚。这里平均海拔4 290米，最高处超过5 000米，积雪终年可见，自然环境十分恶劣，是自治州通向国外的250多个边境山口之一。从20世纪60年代至今，新疆柯尔克孜族妇女布尔玛汗43年风雨无阻，每天巡边20公里山路，行程8万公里，创下连续43年未发生人畜越境事件的守边业绩。在此期间，她还救治了多名受伤的边防官兵。老人的忠诚之举感动了很多人，人们尊称她为“冬古拉玛大妈”。1964年6月，19岁的布尔玛汗主动要求担任吉根边防派出所管辖的冬古拉玛山口护边员。上山第一年，原本不识字的她学会了柯尔克孜文和汉文“中国”二字，从此，一有时间她就在边境线上的石头上刻写“中国”字样。43年来，布尔玛汗不清楚自己刻了多少块石头，但在她负责巡防的边境地带，刻有“中国”的石块随处可见，有人甚至说这是她为中国边境修的一道“围墙”。正是凭着这样的爱国精神，布尔玛汗护卫的冬古拉玛山口43年来未发生一起人畜越境事件。直至年龄大了，布尔玛汗仍坚持巡边和刻写“中国”石，细心看护边境上的中国界碑，虽然说不出什么深刻道理，但老人还是朴素地认为，“界碑一点不能动，国家的土地一寸不能丢”。布尔玛汗成为边防连最熟悉的人，连队将她的事迹编入传统教育课程。虽然大多数官兵叫不出布尔玛汗的名字，但说到“冬古拉玛大妈”，每个人都感到熟悉而亲切。布尔玛汗的事迹激励着驻地部队官兵甘愿为第二故乡奉献。近20年来，部队参与地方重点建设项目和抢险救灾，先后投入兵力160多万人次，对口扶贫数千户上万人，捐款捐物上百万元。

布尔玛汗·毛勒朵2005年荣获“自治区感动新疆十大人物”，2006年荣获“全国国防教育先进个人”，2008年荣获“第三届中国十大杰出母亲”和“全国爱国拥军模范”，2009年荣获“全国五一劳动奖章”，2011年荣获自治区第二届“道德模范”和“团结友爱模范”。

吴占柱

柯尔克孜族学者。1947年12月3日出生。黑龙江省富裕县人。曾任农垦齐齐哈尔管理局党委书记，农垦管理干部学院副书记、副院长，黑龙江省政协委员、省政协民族宗教委员会副主任等职。现任中国当代少数民族文学研究会理事、黑龙江省民族研究学会理事长、黑龙江柯尔克孜族研究会会长、黑龙江省民族研究所研究员、黑龙江省作家协会会员、黑龙江北大荒作家协会名誉副主席。

吴占柱

多年来，曾在报刊上发表诗歌、散文、报告文学等200余篇。并由哈尔滨出版社、黑龙江人民出版社、黑龙江教育出版社等分别出版发行的著作与文集有：《黑龙江柯尔克孜族》《乌裕尔河畔柯尔克孜人》《鹰在蓝天》《黑龙江柯尔克孜文化》《嫩江草原上柯尔克孜人》《黑龙江柯尔克孜族民间传说故事》《北大荒少数民族》《北大荒少数民族博采录》等。发表有《〈玛纳斯〉史诗与黑龙江柯尔克孜族》等有关《玛纳斯》史诗的论文多篇。其中，他所撰写的柯尔克孜族方面的书籍填补了黑龙江省少数民族历史文化、文学创作的空白。《黑龙江柯尔克孜文化》一书，2009年11月荣获了由中国当代文学研究会颁发的全国当代少数民族文学研究优秀成果奖。由于多年在民族团结方面的贡献以及在学术研究及文学创作中取得优异成绩，曾在1994年和2005年两次被国务院授予全国民族团结进步先进个人称号。2008年当选为北京奥运会火炬手。个人业绩曾被载入《民族画报》《东方之子》《中华骄子》《中华魂·中国百业领导英才大典》《中国当代改革者》《公仆情怀》《中国专家人员辞典》《世界名人录》等，被称为“黑龙江柯尔克孜族的雄鹰”。

作为黑龙江北大荒集团富裕牧场七家子村《玛纳斯》大型文化广场设计和建造总顾问，富裕县五家子村《玛纳斯》博物馆总设计师，他身体力行，奔走相告，多方呼吁，最终成就了黑龙江富裕牧场七家子村《玛纳斯》文化长廊和《玛纳斯》文化展览馆以及五家子柯尔克孜族东迁纪念馆等重要文化场馆的建设，为黑龙江柯尔克孜族的经济、教育文化事业发展，为柯尔克孜族英雄史诗《玛纳斯》在黑龙江柯尔克孜族中的传播扎根做出了突出贡献。

参考文献

1.《柯尔克孜族简史》编写组．柯尔克孜族简史．北京：民族出版社，2008

2. 阿地里·居玛吐尔地，曼拜特·吐尔地，古丽巴哈尔·胡加西．柯尔克孜族民间宗教与社会．北京：民族出版社，2009

3. 阿地里·居玛吐尔地，托汗·依萨克．《玛纳斯》演唱大师居素普·玛玛依评传．呼和浩特：内蒙古大学出版社，2002

4. 阿地里·居玛吐尔地．呼唤玛纳斯．克孜勒苏柯尔克孜文出版社，2006

5. 阿地里·居玛吐尔地．口头传统与英雄史诗．北京：中央民族大学出版社，2009

6. 阿地里·居玛吐尔地．玛纳斯史诗歌手研究．北京：民族出版社，2007

7. 阿地里·居玛吐尔地．中国柯尔克孜族．银川：宁夏人民出版社，2012

8. 艾来提·托汗巴依，曼拜特·吐尔地．柯尔克孜族传统科技文化．乌鲁木齐：新疆科技卫生出版社，2001

9. 艾斯卡尔·居努斯，赛娜·艾斯别克．柯尔克孜族民俗文化．乌鲁木齐：新疆美术摄影出版社，2006

10. 安尼瓦尔·巴依图尔．柯尔克孜族历史讲座．阿图什：克孜勒苏柯尔克孜文出版社，1996

11. 伯恩什达姆．6—8世纪鄂尔浑叶塞突厥社会经济（东突厥汗国与黠戛斯）．乌鲁木齐：新疆人民出版社，1997

12. 董秀团，万雪玉．柯尔克孜族——新疆乌恰县库拉日克村吾依组调查，昆明：云南大学出版社，2004

13. 杜荣坤，安瓦尔．柯尔克孜族．北京：民族出版社，1991

14. 贺继宏，张光汉．克孜勒苏柯尔克孜族自治州民族志．阿图什：克孜勒苏柯尔克孜文出版社，1992

15. 贺继宏，张光汉．中国柯尔克孜族百科全书．乌鲁木齐：新疆人民出版社，1998

16. 侯尔瑞．侯尔瑞文集．阿图什：克孜勒苏柯尔克孜文出版社，2004

17. 胡振华．柯尔克孜语言文化研究．北京：中央民族大学出版社，2007

18. 郎樱．玛纳斯论．呼和浩特：内蒙古大学出版社，1999

19. 路易·巴赞．古突厥社会的历史纪年．北京：中国科学出版社，2014

20. 马克来克·奥穆尔拜. 柯尔克孜族文学史. 乌鲁木齐：新疆人民出版社，2007

21. 买买提哈兹. 柯尔克孜族民俗，（柯尔克孜文），乌鲁木齐：新疆人民出版社，1993

22. 万雪玉，艾斯卡尔·居努斯. 柯尔克孜族：历史与现状. 乌鲁木齐：新疆大学出版社，2005

23. 新疆维吾尔自治区丛刊编辑部. 柯尔克孜族风俗习惯. 乌鲁木齐：新疆人民出版社，1986

24. 新疆维吾尔自治区丛刊编辑部. 柯尔克孜族社会历史调查. 乌鲁木齐：新疆人民出版社，1987

25. 于学斌，吴占柱. 黑龙江柯尔克孜族. 哈尔滨：哈尔滨出版社，2002

26. 玉赛因·阿吉·乌色克毛拉. 柯尔克孜族史话. 阿图什：克孜勒苏柯尔克孜文出版社，1989

图片提供者

（按姓氏音序排列）

阿·麦·穆萨拜
第31页
第32页
阿不都卡德尔·托合塔诺夫家人
第158页（上）
阿地里·居玛吐尔地
第18页
第20页
第24页
第25页（下）
第29页
第34页
第35页
第41页
第42页
第45页
第49页
第51页
第52页
第55页（下）
第62页
第67页
第73页
第79页（下）
第99页（下）
第103页（上）
第104页（上）
第108页
第109页
第110页（上）
第112页（上、中）
第119页
第120页
第121页
第128页
第130页
第131页（下）
第133页
第134页
第135页
第136页
第139页
第144页
第148页
第154页
第171页
阿曼吐尔·巴依扎克家人
第159页
艾斯别克·阿比汗家人
第166页
爱书仁
第12页
第13页（上）
第17页（上）
第23页
第65页（上）
第99页
第151页
第152页
安尼瓦尔·巴依图尔家人
第164页
卞磊
第68页
耿世民
第63页（上）
古丽巴哈尔
第33页
郭晓冬
第53页
第142页
哈孜·艾买提
第55页（上）
第131页（上）
贺继宏
第13页（下）
克·依玛纳里耶夫
第46页
第70页
第71页（上、中）
郎樱
第135页（上）
李晓光
第155页
刘湘晨
第118页
买买提·吐鲁米西家人
第162页
买买提艾沙·阿依白尔迪家人
第160页
曼别特阿散·叶尔格家人
第167页（下）
默默
第13页（中）
第14页
第16页
第17页（下）
第19页（上）
第25页（上）
第28页
第30页
第114页
牛新成
第19页（下）
第64页
第65页（下）
第69页
第71页（下）
第74页
第76页
第79页（上）
第81页
第92页
第97页（上、下）
第100页（上、下）
第103页（下）
第104页（下）
第105页
第106页
第117页（下）
努尔太·库达依别尔干
第63页（下）
任春生
第15页
第57页
第72页
第77页
第86页
第91页
第96页
第98页
第101页
第110页
第111页
第112页（下）
第113页
第117页（上）
第122页
第124页
第129页
第137页
第138页
第145页
第168页
萨坎·奥木尔家人
第167页（上）
赛力克
第48页
善良柯尔克孜网
第54页
第66页
第156页
苏勒坦阿勒·包尔泊多依家人
第163页
陶阳
第135页（中）
天山网
第50页
第170页
吐尔干·伊仙家人
第165页
吴立中
第141页
夏尔西别克·斯迪克
第161页
夏明放
第75页
玉赛音阿吉·吾色克毛拉家人
第158页（下）

后记

中华民族如同一个由56个民族共同组成的花团锦簇的民族百花园。在这个大花园中，每一朵花都散发着独特的芳香，展示着其生长过程中每一个阶段的独特魅力。《走近中国少数民族丛书》可以说让这些花朵走出花园，把自己最真实、最具魅力的一面展示给世界，值得尊敬和庆贺。

本丛书的一个重要特点是，每一个民族都自己写本民族的历史文化，这一点非常重要，也非常感人，这既体现了对一个民族的尊重，也投射出一种信任，会让执笔者有一种自豪感和责任感。我本人就是持这种态度来完成这部书的。在写作过程中，我徜徉在民族历史的长河中，既完成了一次对民族历史文化探源的神圣的心灵之旅，也完成了一次对祖先历史足迹的回望，受到先辈民族精神的洗礼，斟字酌句，努力在有限的篇幅内向世人介绍柯尔克孜族最具魅力、最有价值的历史文化遗产。

每一个民族都具有自己独特的历史发展脉络，独特的文化艺术创造，独特的民族心理心智。在中国万众一心为实现伟大的中国梦而奋斗的今天，如何摆正民族利益与国家利益关系，搞好各民族之间团结，各民族如何在彼此互利互惠、和谐交融的过程中共同发展，是我们目前所面临的重大课题。在这样的背景下，民族之间的彼此交流、彼此了解、彼此尊重就显得极为重要，只有从心灵上彼此包容、理解和交流才能够实现共建和谐美好的社会环境的愿望。毫无疑问，在当前急剧变迁、激流涤荡的社会大环境中，《走近中国少数民族丛书》不仅真实地呈现了我国各民族的历史文化特征，更主要的是提高了少数民族对自身的自信心和自豪感，一定会为各民族人民自觉地提高对民族文化的保护、传承和发展意识起到巨大的促进作用。从这一点讲，我们应该感谢本丛书的策划、编辑、出版人员的高瞻远瞩和艰苦努力。

从书的出版正逢其时，一定会为盛世造势，为中华民族的团结和谐，共同发展，为加强中华民族的凝聚力，为共同实现伟大的中国梦起到积极的促进和推动作用。

为了让世人对柯尔克孜族有一个粗线条但却又比较精准的了解，笔者经过对柯尔克孜族数千年历史文化脉络的认真梳理，从几个最具代表性的方面展开介绍和描述，以点带面地勾勒出了柯尔克孜族历史文化的大致面貌。我相信每一个细心的读者一定会在本书的字里行间以及配发的代表性图片中感受到柯尔克孜族悠久的历史和深厚的文化底蕴。

本书中所配发的图片需要进行特别的说明和感谢。图片中除有一部分是本人拍摄的之外，还采用了友人牛新成、任春生、郭晓东、夏明放等拍摄的一部分照片，另外一些图片则是从国内外出版的画册中精心挑选的。在图片搜集过程中，要特别感谢我的本民族同胞阿里木江、贾克普别克、曼拜特·吐尔地、曼别特艾萨、阿斯卡尔等人的大力协助以及很多本民族网站的建立者和管理者们的大力帮助。由于本书中所采用的图片来源极为广泛，无法和作者逐一取得联系，在这里除了一并表示衷心的感谢之外，恳请作者们与出版社或我本人联系。

中国社会科学院民族文学研究所　阿地里·居玛吐尔地
2014年2月12日于北京石景山鲁谷路